mon week-end
rando
clé en main

LANGUEDOC ROUSSILLON

LOZÈRE • GARD • HÉRAULT • AUDE • PYRÉNÉES-ORIENTALES

Glénat

Les textes touristiques sont de Didier Thomas-Radux.

Les textes et photos des randonnées sont extraits des guides suivants :
- *Lozère*, collection « Le P'tit Crapahut », Michel Roche : WE 01 : rando 01 ; WE 02 : randos 01, 02 et 03 ; WE 03 : rando 01.
- *Cévennes*, collection « Le P'tit Crapahut », Alain Godon : WE 03 : rando 02 ; WE 04 : randos 02, 03, 05 et 06 ; WE 05 : randos 01 et 02 ; WE 06 : randos 01 et 02.
- *Gard*, collection « Le P'tit Crapahut », Alain Godon : WE 06 : rando 04.
- *Autour de Montpellier*, collection « Le P'tit Crapahut », Alain Godon : WE 07 : rando 01 ; WE 08 : randos 01 et 03.
- *Les Sentiers d'Émilie Hérault*, collection « Les Sentiers d'Émilie », Francis de Richemond : WE 09 : randos 01, 03 et 04.
- *Les Sentiers d'Émilie Pays Cathare*, collection « Les Sentiers d'Émilie », Jean-Pierre Siréjol : WE 10 : randos 02 et 04 ; WE 11 : randos 02 et 04 ; WE 12 : rando 04.
- *Les Sentiers d'Émilie Roussillon*, collection « Les Sentiers d'Émilie », Jean-Pierre Siréjol : WE 13 : randos 03 et 04 ; WE 15 : rando 04.
- *Les Sentiers d'Émilie Cerdagne Capcir*, collection « Les Sentiers d'Émilie », Jean-Pierre Siréjol : WE 14 : randos 03 et 04.
- *Les Sentiers d'Émilie Côte Vermeille Massif des Albères*, collection « Les Sentiers d'Émilie », Bruno Mateo : WE 15 : rando 04 (descriptif circuit).
- *Lozère, les plus belles randonnées*, collection « Rando Évasion », Michel Roche : WE 01 : randos 02, 03 et 04 ; WE 02 : rando 04 ; WE 03 : randos 04 et 05.
- *Cévennes, les plus belles randonnées*, collection « Rando Évasion », Alain Godon : WE 03 : rando 02 ; WE 04 : rando 01 et 04 ; WE 05 : randos 03 et 04 ; WE 06 : rando 03.
- *Hérault, les plus belles randonnées*, collection « Rando Évasion », François Ribard : WE 07 : randos 02 et 03 ; WE 08 : randos 02 et 04 ; WE 09 : rando 02.
- *Label Rando dans l'Aude* collection « Label Rando », Béatrice Chupin et Hervé François : WE 10 : randos 01 et 03 ; WE 11 : randos 01 et 03 : WE 12 : randos 01, 02 et 03.
- *Label Rando en Pays Catalan* collection « Label Rando », Jean-Pierre Siréjol : WE 13 : randos 01 et 02.
- *Pyrénées-Orientales*, collection « Le Guide Rando », Jean-Pierre Siréjol : WE 14 : randos 01, 02 ; WE 15 : rando 03.
- *Pyrénées Catalanes*, hors collection, Bruno Mateo : WE 15 : randos 01 et 02.

Photo de couverture : randonnée « Des gorges d'Héric au Caroux » (week-end 09, rando n°2). © François Ribard

Cartographie : Murielle Dubois / Éditions Glénat.
Les cartes sont réalisées sur fonds OpenStreetMap.
© OpenStreetMap Contributors
Conception graphique : Michel Barthelemy
Mise en pages : Glénat Production

Couvent Sainte-Cécile
37, rue Servan
38000 Grenoble
www.glenat.com
contact@glenat.com

ISBN : 978-2-344-06808-3 / 001
Dépôt légal : avril 2025

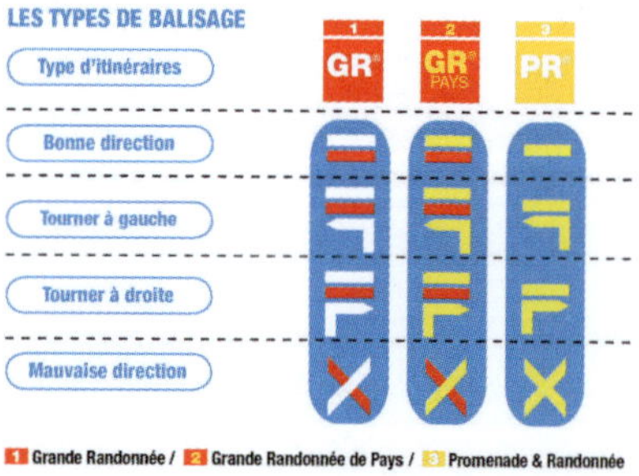

AVANT-PROPOS

Depuis la sortie de la crise sanitaire, nombreux sont ceux qui aspirent de plus en plus à se ressourcer en pleine nature. Échapper au stress et à l'agitation de la vie urbaine, partager de bons moments en famille ou entre amis, rompre avec son quotidien, retrouver les liens fondamentaux avec la nature, profiter de chaque instant, s'émerveiller d'un coucher de soleil, se délecter des senteurs des sous-bois, croiser le regard d'une biche au détour d'un sentier, se laisser emporter les yeux fermés par le bruit du ruisseau ou du ressac sur la plage, s'étonner du chant des oiseaux, être envoûté par la beauté des fleurs, rester bouche-bée devant le panorama, savourer les produits locaux, prendre le temps…

L'objectif de cette collection est de **répondre à ces besoins en déconnectant le temps d'un week-end** et quoi de mieux pour cela que d'aller arpenter ces petits coins de paradis dont recèlent nos belles régions de France.

Nul besoin d'ajouter du stress et de passer des heures sur Internet pour trouver la bonne destination et des balades et randonnées adaptées à nos envies. Dans cet ouvrage, tout est fourni «clé en main»!

Des monts de Lozère à la Côte Vermeille, choisissez votre «camp de base» parmi les quinze proposés et profitez des multiples balades et randonnées accessibles au plus grand nombre que nous avons sélectionnées pour vous.

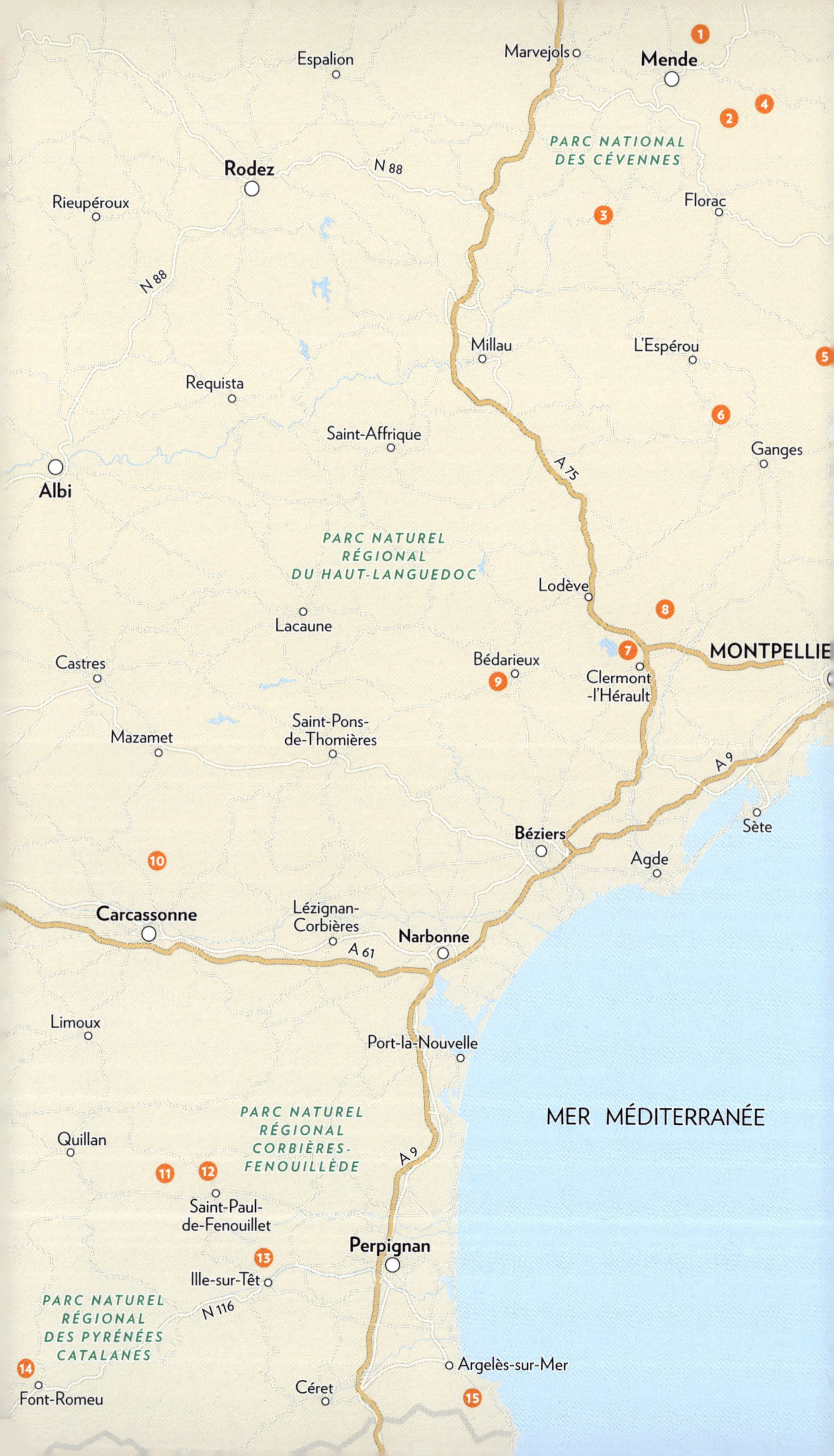
1
Marvejols
Mende
Espalion
4
2
PARC NATIONAL DES CÉVENNES
Rodez
N 88
Rieupéroux
Florac
3
N 88
Millau
L'Espérou
5
Requista
6
Saint-Affrique
Ganges
Albi
A 75
PARC NATUREL RÉGIONAL DU HAUT-LANGUEDOC
Lodève
8
Lacaune
7
MONTPELLIE
Castres
Bédarieux
9
Clermont-l'Hérault
Mazamet
Saint-Pons-de-Thomières
A 9
Sète
Béziers
Agde
10
Carcassonne
Lézignan-Corbières
A 61
Narbonne
Limoux
Port-la-Nouvelle
PARC NATUREL RÉGIONAL CORBIÈRES-FENOUILLÈDE
MER MÉDITERRANÉE
Quillan
A 9
11
12
Saint-Paul-de-Fenouillet
Perpignan
13
Ille-sur-Têt
N 116
PARC NATUREL RÉGIONAL DES PYRÉNÉES CATALANES
Argelès-sur-Mer
14
Font-Romeu
Céret
15

SOMMAIRE

01 LOZÈRE • LA MARGERIDE 8

Le lac de Charpal et la chapelle de Saint-Féréol 12
Les hautes terres du Randon 13
Les hauts de la Margeride 15
Saint-Paul-le-Froid et la sérénité de son haut plateau 16

02 LOZÈRE • PONT-DE-MONTVERT OU FINIELS 18

Le roc de Montal depuis Finiels 22
Le mont Lozère ou sommet du Finiels 23
Les sources du Tarn 25
Le signal du Bougès 26

03 MEYRUEIS 28

Le chaos de Nîmes-le-Vieux et le causse Méjean 32
La vallée du Tarnon 33
La croix de Fer depuis Lanuéjols 34
Le mont Aigoual 36
Jonte, les bijoux des gorges 38

04 GARD • VILLEFORT • GÉNOLHAC 40

Le village du Pouget 44
Le tour du lac de Villefort 45
Le ruisseau de Bayard 47
Pic Cassini 48
Le col de Montclar 50
Le rocher Communal 52

05 SAINT-JEAN-DU-GARD 54

Le col Saint-Pierre 58
Le col de l'Espeutiéra 59
Le bois de Rouville 60
Le mont Brion 62

06 LE VIGAN 64

La vallée du Coudoulous 68
Les deux rivières 69
Les Grandes Collines 70
Les gorges de la Vis 72

07 LAC DU SALAGOU 74

Le mont Liausson 78
Le cirque de Mourèze et la montagne du Liausson 79
Du Salagou au plateau de l'Auverne 82

08 SAINT-JEAN-DE-BUÈGES • SAINT-GUILHEM-LE-DÉSERT 84

Dans les pas des pèlerins de Saint-Jacques 88
Circuit de Saint-Guilhem 89
Les berges de la Buèges 91
Peyre Martine 92

09 CAROUX • VALLÉE DE L'ORB 94

La table d'orientation du Caroux 98
Des gorges d'Héric au Caroux 100
Le Montahut et la réserve du Caroux-Espinouse 102
Le château de Mercoirol et l'ermitage Saint-Michel 104

10 AUDE • MINERVOIS 106

Limousis et sa grotte 110
Des Ilhes à Fournes-Cabardès 111
Trassanel et le roc de l'Aigle 113
Laviale et le sentier des ruisseaux 114

11 QUILLAN • BUGARACH 116

Le Pech de Bugarach 120
Bugarach et son pont romain 121
Les terres rouges de Serres 123
De Coustaussa à Cassaignes 125

12 SAINT-PAUL-DE-FENOUILLET • CUCUGNAN 126

Des gorges de Galamus au pech d'Auroux 130
Du château de Peyrepertuse au sommet de la Quille 131
Cucugnan et le château de Quéribus 133
Duilhac et le moulin de Ribaute 134

13 ILLE-SUR-TÊT • PRADES 136

D'Ille-sur-Têt vers le Puig Pedros 140
Bélesta et le pic Aubeill 141
Rodès 143
D'Eus à Coma 144

14 MONT-LOUIS • FONT-ROMEU 146

Le Carlit 150
Le Grand Péric 151
La ronde des lacs du Carlit 153
Le pic des Mauroux (ou dels Moros) 154

15 CÔTE VERMEILLE 156

La tour de la Massane 160
Le puig Neulos par le dolmen de la Balma del Moro 161
La tour de Querroig 163
La tour de Madeloc 165

AVANT DE PARTIR

Choix du « camp de base »

Chaque destination a été sélectionnée pour :
- sa capacité d'accueil touristique (hébergement, restauration). Nous vous recommandons quelques hébergements, mais vous pouvez choisir d'autres adresses selon vos envies ;
- son environnement et la proximité de belles balades et randonnées alentour ;
- ses différents attraits touristiques.

Si vous voulez varier les plaisirs et les découvertes, les rubriques « Envie d'autres expériences », « Envie d'autres balades », « Coup de cœur » et « À voir / À faire » sont là pour vous.

Balades et randonnées

Les itinéraires présentés dans cet ouvrage sont, pour la majorité d'entre eux, accessibles au plus grand nombre. Les indications de durée, distance et dénivelé cumulé sont à prendre en compte pour mesurer l'effort à fournir. Les itinéraires les plus longs et/ou aux forts dénivelés sont réservés aux randonneurs entraînés. Ne surestimez pas vos capacités. Si vous êtes avec des enfants, prévoyez une durée un peu plus importante que celle indiquée.
Les horaires ne tiennent pas compte des pauses et des arrêts. Ils sont estimatifs et calculés sur une base d'environ 3 km/h sur terrain plat, et 300 mètres de dénivelé par heure en montée.
La rubrique difficulté apporte quelques informations complémentaires, sur la nature du terrain rencontré, un passage qui peut s'avérer délicat…
Les « P'tit plus » vous renverront sur une adresse où vous restaurer lors de votre randonnée ou après celle-ci, sur une curiosité à voir ou un lieu à visiter… de quoi agrémenter votre sortie du jour.
Les traces GPS téléchargeables via les QR-code vous permettent de naviguer sur votre smartphone avec l'application cartographique de votre choix. Ces traces n'ont pas été relevées sur le terrain ; elles ont été reconstituées sur des sites de cartographie sur internet, avec des écarts possibles avec les sentiers que vous rencontrerez sur le terrain. Ne les suivez pas aveuglément ! Suivez plutôt le sentier et le descriptif.

Lac de Charpal (WE n°1)

Conseils utiles

- Partez à plusieurs si possible.
- Choisissez une randonnée selon vos envies et adaptée au niveau du participant le moins entraîné. Restez modeste par rapport à l et à vos propres capacités ; l'essentiel est de se faire plaisir.
- La veille du départ, prenez la météo locale (répondeur Météo France 08 99 71 02 XX, XX étant le n° du département ou sur les sites internet). Renoncez en cas de mauvais temps, ou choisissez une randonnée plus facile.
- Prévoyez un équipement adapté à la balade : vêtements de protection contre le vent, la pluie, le froid. N'oubliez pas que même en partant par beau temps chaud, la météo peut toujours évoluer (orage l'après-midi, vent froid sur la crête, nuage stationnant au sommet…). Utilisez de bonnes chaussures avec semelles antidérapantes et tiges montantes. Pensez au chapeau ou au bonnet selon le lieu et/ou la saison pour éviter l'insolation ou le coup de froid. Les lunettes de soleil sont importantes, surtout pour les personnes aux yeux clairs ou celles qui portent des lentilles de contact. Prévoir de la crème solaire.
- Munissez-vous d'un sac à dos pour porter le casse-croûte, la gourde, l'appareil photo, les vêtements non utilisés…
- Emportez suffisamment à boire, surtout avec des enfants. En période froide, emporter des boissons chaudes.
- Prenez des aliments énergétiques (sucres rapidement assimilables) plutôt que des aliments à digestion lente (charcuterie par exemple).
- N'oubliez pas la trousse de secours avec une petite pharmacie pour les bobos, les piqûres d'insectes…
- Ramenez vos déchets et emballages plutôt que de les abandonner à côté d'une poubelle publique saturée.
- Ne cueillez pas les fleurs : admirez et faites des photos ! Elles sont tellement belles dans la nature ; de plus, elles arriveront sans doute fanées dans votre vase.
- Les fruits sauvages sont à déguster sur place ; attention à ceux qui sont situés près du sol (myrtilles, fraises…) : ils ont pu être souillés par des déjections animales et peuvent, à longue échéance, engendrer une maladie grave.
- Restez discret pour ne pas déranger les autres promeneurs et pour, en partant tôt, avoir la chance d'observer des animaux : chevreuils, renards, mouflons, rapaces…

Port de Villefort (WE n°4).

- Prenez le temps d'observer la nature, mais prévoyez une marge de sécurité horaire afin de ne pas se laisser surprendre par la nuit.
- Respectez les autres usagers (pêcheurs, randonneurs, chasseurs, vététistes, cavaliers…), notamment ceux qui travaillent dans la nature (agriculteurs, bûcherons).
- Respectez les clôtures (refermer les barrières) et les propriétés privées. Ne pas traverser les prés non fauchés : l'herbe sert à nourrir le bétail et l'herbe couchée par les promeneurs ne peut être fauchée.
- Sur certains alpages, les bergers utilisent des chiens patous pour protéger les brebis contre les loups et les chiens errants ; évitez de vous approcher de ces chiens qui peuvent être agressifs en présence de l'homme ou d'un autre chien. Adoptez le comportement préconisé sur les panneaux d'information relatifs à la présence de ces chiens.
- Très important : le stationnement conseillé peut être saturé ; dans ce cas, ne pas hésiter à stationner plus loin, à un endroit qui ne gêne pas le passage d'engins forestiers, de riverains, afin de ne pas exaspérer ces derniers. La courtoisie doit être de règle en montagne, et puis, on est tout de même venu se détendre !
- Conformez-vous aux **réglementations spécifiques dans les espaces naturels protégés** (parcs nationaux, réserves naturelles), ainsi qu'aux réglementations de **prévention des incendies** propres à chaque département (principalement en été). www.risque-prevention-incendie.fr/« nom du département ».

1

LOZÈRE LA MARGERIDE

UN AIR DE GRAND NORD

À l'extrémité nord de la Lozère, la Margeride est un haut plateau du sud du Massif central à cheval sur trois départements, dont l'altitude varie de 1000 à 1500 m. Peu peuplé, ce territoire dans lequel a sévi la célèbre Bête du Gévaudan au XVIIIe siècle est le plus grand plateau granitique d'Europe et un véritable paradis pour les randonneurs. Territoire agricole verdoyant peuplé de pins et de hêtres, la Margeride recèle des paysages sauvages ponctués de lacs, de cours d'eau, de forêts et de chaos granitiques qui donnent à l'ensemble un charme à la fois mystérieux et apaisant. Si les hivers y sont rigoureux, la pluie y est assez rare tout au long de l'année et le climat subcontinental donne à ce coin de Lozère un air de Canada, idéal pour une immersion en pleine nature. Que ce soit pour une randonnée-plaisir autour du lac de Charpal (plus grand lac de pêche no-kill de France) ou depuis le Truc de Fortunio, point culminant de la Margeride à 1552 mètres offrant une vaste vue sur le plateau, on y ressent intensément la beauté d'une nature authentique et sereine.

Ci-dessus : orée forestière au printemps en Margeride. © Michel Roche
Page de droite: passage en bois le long du lac de Charpal.

PRATIQUE

Quand venir

■ Toute l'année, mais l'hiver peut y être glacial.

Y aller

■ **En voiture :** de Montpellier, remonter l'A75 puis prendre la sortie 39 Le Monastier/Chirac vers Marvejols. Suivre ensuite la D999 jusqu'à Les Vernets, puis la D1.
De Clermont-Ferrand, prendre l'A75 puis prendre la sortie 34 pour la D806 en direction de Rimeize. Continuer sur la D806 jusqu'à Rieutort-de-Randon.

■ **En transports en commun :** il n'y a pas de gare SNCF à Rieutort, et peu en Lozère. Depuis Montpellier, vous pouvez prendre un train à la gare Saint-Roch jusqu'à Marvejols. Attention, ce train ne circule qu'un jour par semaine. Les bus liO Occitanie assurent depuis Montpellier une liaison deux fois par semaine jusqu'à Millau, puis un nouveau bus est disponible depuis la gare routière SNCF jusqu'à Mende. Il faut ensuite louer une voiture ou faire de l'autopartage.

Sur place

■ Durant les vacances d'été en juillet et août, des navettes touristiques sont mises en place sur les grands axes. Depuis Mende, tous les dimanches la ligne 13 rejoint le lac de Charpal, avec étape à Rieutort-de-Randon et arrêts à la demande.

Se loger

■ **Hôtel O'Minéola :** ouvert en 2020 à Monts-de-Randon, cet hôtel-restaurant dispose de 17 chambres adaptées également aux groupes et propose même des séjours organisés autour de la pêche, le VTT, etc. L'établissement dispose d'un restaurant et d'une pizzeria. 06 83 04 39 96.

■ **Maison à d'Estables :** dans le bourg d'Estables, un gîte de 3 chambres pour 9 personnes géré par Mme Palpalcuer avec un séjour minimum de 3 nuits, référencé par Lozère Tourisme. 06 81 16 22 40.

■ **Hôtel de la Poste :** géré par la même famille d'hôteliers depuis six générations, cet ancien relais de poste totalement rénové situé à Châteauneuf-de-Randon offre 15 chambres confortables ainsi qu'un restaurant proposant une cuisine du terroir, dans un décor typique et accueillant. 04 66 47 90 05.

Envie d'autres expériences ?

■ À Châteauneuf-de-Randon, site gallo-romain jadis doté d'une citadelle où périt le Connétable Bertrand Du Guesclin en 1380, ne pas rater la balade en contrebas de la route qui longe le cimetière, en direction de la **Pierre Branlante**. Ce rocher de plusieurs mètres de haut doit son nom au fait qu'il est posé en équilibre sur son socle de granit. Le panneau explicatif devant le rocher indique qu'une simple pression de la main suffit à le faire bouger. Du fait de sa forme si particulière, la Pierre Branlante est également surnommée le « sabot de Gargantua ». La légende veut que Gargantua ou un géant nommé Roland ait laissé là son sabot. Le site est intégré au parcours « Le Chemin de Ronde », qui fait le tour du village de Châteauneuf-de-Randon.

■ À Marvejols, Gévaudan Évasion propose depuis 10 ans des excursions « off road » pour des **randonnées enduro** en quad et moto, et même des stages d'apprentissage. Il y a certes plus écolo, mais les raids se font sur des chemins privés balisés, en respectant au mieux l'environnement. 06 88 49 45 82.

■ Près de Saint-Chély d'Apcher, la **via ferrata** du Malzieu permet de découvrir les gorges de la Truyère sous de spectaculaires points de vue. Accessible toute l'année, cette via ferrata offre deux **parcours, facile et difficile, au-dessus de ces gorges spectaculaires** avec des tronçons communs. Du matériel pour les +14 ans est en location au bureau de l'office de tourisme.

À VOIR / À FAIRE

■ Sur les bords du lac de Charpal, les randonneurs ont pris l'habitude d'y laisser une trace plus ou moins éphémère en y érigeant des cairns. On compte désormais par dizaines ces assemblages de pierres qui constituent un étonnant parc de sculptures au sud du lac.

■ Dans le nord de la Margeride, la Réserve des bisons de Sainte-Eulalie est un lieu étonnant. Au début des années 1990, des bisons venus des plaines polonaises y ont été réintroduits. Dans ce parc forestier que l'on parcourt en calèche ou en traîneau, créé en complément du plan de sauvetage du bison d'Europe, on croise plusieurs dizaines de ces animaux en semi-liberté. 04 66 31 40 40.

COUP DE CŒUR

■ Plus au sud de Rieutort-de-Randon, la randonnée autour d'Asprettes et de la Fagette offre un joli circuit forestier pour aller contempler la cascade de la Fagette et les jolies maisons de granit des hameaux d'Asprettes et de la Fagette.

ENVIE D'AUTRES BALADES ?

■ Depuis le sud de Monts-de-Randon, dès le printemps le ruisseau du Coulagnet offre une jolie balade dans ses gorges, au fil des hameaux qu'il traverse.

■ Autre parcours de randonnées agréable et facile : la Baraque de Saltel depuis Rieutort, en passant par le Bouchet puis retour le long de la D806.

ASTUCE RANDO

Le sacro-saint « principe des trois couches » est essentiel en randonnée. Il désigne l'empilement de vêtements selon le principe suivant:

1. Une première couche thermique et capable d'évacuer la transpiration.
2. Une deuxième couche destinée à tenir chaud (type polaire).
3. Une troisième couche vouée à vous protéger des intempéries (pluie, vent, neige).

Grâce à cet empilement stratégique de vêtements, vous pourrez affronter la plupart des conditions météorologiques.

Ci-dessus : **Vitrolettes et son clocher de tourmente (rando n°2).**
Ci-dessous : **la chapelle dans son écrin de fleurs et de sapins (rando n°2).**

Rando n°1

Le lac de Charpal et la chapelle de Saint-Féréol

LAC DE CHARPAL ET CHAPELLE
8,6 km
2h45
230 m+

TOUR DU LAC
8,8 km
2h30
30 m+

Découvrir le lac de Charpal, la chapelle de Saint-Féréol, mais aussi survoler le plateau margeridien. Cette balade permettra de se plonger au cœur de la culture de cette région aux hivers d'antan rudes. Le tour du lac est une agréable balade accessible à tous.

Départ : parking au lac de Charpal
Accès : 9,5 km à l'est de Rieutort-de-Randon. Emprunter la D1 vers Charpal et Châteauneuf-de-Randon. La suivre sur 8,5 km et prendre la petite route qui mène au barrage de Charpal.
Difficulté : aucune.
Période : toutes sauf par temps orageux, grand vent, brouillard, neige ou période de gel.

P'tit plus

- Le lac de Charpal (pêche no-kill autorisée).
- Le signal de Fortunio, accessible en voiture (1 552 m).
- Restaurants à Rieutort-de-Randon.

Lac de Charpal et chapelle de Saint-Féréol

Du parking, emprunter le barrage et poursuivre tout droit à la sortie. Parvenir à la maison forestière **1**, prendre franchement à gauche le sentier qui passe sous quelques arbres et ensuite continue dans une forêt. Prolonger tout droit, traverser en virage un petit ruisseau, la piste monte assez fortement jusqu'à la

Le lac de Charpal, dans son écrin de sapin, vu depuis Fortunio.

chapelle de Saint-Féréol (2). La chapelle est en situation dominante et le point de vue embrasse tout le sud du département et en particulier les causses et le mont Lozère. Continuer tout droit en longeant une belle forêt d'épicéas, le sentier est dominant et le point de vue vers le sud est superbe : l'œil embrasse l'ensemble du plateau du Palais du Roy. À l'entrée du village de Vitrolettes (3), rejoindre une petite route qui arrive de la gauche et que l'on va emprunter, non sans avoir, par un aller-retour, admiré les bâtis du village, en particulier le clocher de tourmente (privé) et le four banal. Emprunter la route puis, 100 m après, la quitter pour une piste sur la gauche (4) qui mène à Coulagnes-Hautes. Traverser le village (5), continuer tout droit, la piste suit le fond de la vallée. Franchir le ruisseau de la Colagne (6) et après le pont, poursuivre en rive gauche le long de la rivière. La piste monte dans la pente jusqu'à rejoindre la route de Charpal et le parking de départ.

Le tour du lac de Charpal

Du parking, ne pas traverser le barrage, mais partir à droite sur le GR®43 (blanc et rouge). Le suivre jusqu'à une patte-d'oie (1). Quitter le sentier balisé et tourner à gauche pour rejoindre le bord du lac (beau point de vue). En général, dans les traversées de ruisseaux, des passages en bois sont aménagés afin de protéger les sagnes où règne le droséra. Par temps humide, les planches peuvent être glissantes, prudence ! Rejoindre le bout du lac (2), traverser le ruisseau qui porte le joli nom de Combe des Noyés de Momentou. Sur l'autre rive, traverser d'autres ruisseaux (3) et (4). Tantôt près de l'eau, tantôt plus éloigné, l'itinéraire prend là un charme particulier. À l'autre extrémité du lac, traverser le barrage (5) pour retrouver le parking.

LA CHAPELLE SAINT-FÉRÉOL

À partir du XIIIe siècle, la chapelle Saint-Féréol a fait l'objet de pèlerinages et l'est encore de nos jours. L'eau de sa source est réputée guérir certaines maladies de peaux et des yeux. Elle a été restaurée récemment. Son architecture est classique, avec cependant un toit en tôle, couleur rouge brique. Elle est visible de très loin !

Rando n°2

Les hautes terres du Randon

ITINÉRAIRE
18,8 km
5h30
450 m+

Vitrolles (du latin *vitrum* et du suffixe -eolas) évoque les vestiges d'une activité artisanale de verrerie. À l'époque médiévale, au temps où les pouvoirs féodaux s'exerçaient sur le Gévaudan en huit baronnies, celle de Randon avait installé son solide château de granit sur l'un des sommets dominant son vaste territoire, le Puech David selon certains, le Truc de Randon selon d'autres du fait de l'existence de vestiges en cet endroit.
Le Truc de Fortunio, point culminant de la Margeride (1 552 m), se distingue par sa tour de plus de 100 m de haut supportant un complexe d'antennes relais. Il surplombe le plateau du Palais du Roi et la dépression du lac de Charpal. Une table d'orientation permet la lecture d'un très vaste horizon périphérique.

Départ : Vitrolles, parking près du four banal.
Accès : à 2,5 km à l'est de Rieutort-de-Randon.
Difficulté : passage dans des pâturages, prudence avec les troupeaux.
Période : privilégier printemps, été et début de l'automne. À éviter par temps orageux, grand vent, brouillard, neige ou période de gel.

P'tit plus

- Ruines du fort de Randon.

Itinéraire

Prendre la piste à droite du four, dépasser les maisons, après un virage à droite puis à gauche continuer tout droit. Passer un premier carrefour, puis au suivant (1 221 m) après 400 m, aller à droite, la montée est soutenue. Un peu plus loin (1 295 m) une piste arrive de gauche (1), continuer sur 50 m et partir à droite. La piste monte assez fort, fait un virage à droite, puis à gauche. On passe près des ruines du château fort de

1 LOZÈRE • LA MARGERIDE

La chapelle dans son écrin de fleurs et de sapin

Randon (panneau explicatif). Un échalier donne accès au sommet : vue extraordinaire.
Revenu à la piste, continuer, passer près de petits bois de pins, tourner à gauche, dépasser le bois sur la droite et continuer 200 m. Retrouver des pins clairsemés. S'engager sur un chemin à droite par un échalier entre les arbres. Monter, après 150 m tourner à gauche, la montée reste soutenue. Faire un petit S, bien le suivre, il est parfois herbeux. Par une large courbe à droite, entrer dans une forêt plus dense et déboucher sur une piste plus large (balisée GR®), la prendre à gauche jusqu'à la petite route 2 du signal de Randon. Faire un AR à droite jusqu'à la tour de Fortunio, 1 552 m. 300 mètres après le carrefour, prendre le sentier (blanc et rouge) à droite qui pénètre dans la forêt. Après un virage prononcé à gauche, la piste descend assez fortement. Elle débouche en lisière de forêt, traverse un plateau herbeux parsemé de blocs erratiques et retrouve la forêt jusqu'à un large carrefour (1 349 m). Emprunter le deuxième chemin à droite jusqu'à la maison forestière 3. Faire un AR jusqu'au barrage de Charpal (on se croirait au Canada).
Au retour, juste avant la maison forestière, s'engager à gauche sur la piste (balisage GR®). Après une montée soutenue mais courte, déboucher à la chapelle de Saint-Féréol, aller tout droit. Le sentier, dominant, s'élargit en piste et trouve la petite route de Vitrolettes. Traverser le village et continuer tout droit (balisage PR®). Après la traversée d'une petite vallée, on aperçoit Vitrolles, continuer sur la piste tout droit et ignorer le balisage du GR® qui va à droite. Après 200 m, on retrouve Vitrolles.

Rando n°3

Les hauts de la Margeride

ITINÉRAIRE
17,7 km
5h00
470 m+

La Villedieu tire son nom de l'adjonction des termes ville et dei (dio) la rattachant à Dieu ou la mettant sous sa protection. Son territoire, qui s'étend sur le versant ouest de la Haute Margeride délimité par la ligne de crête du massif, est parcouru par la Truyère naissante. Cette rivière dont les sources proviennent des narces du col des Trois Sœurs (1 452 m) va rejoindre le Lot 167 km plus loin à Entraygues.
Saint-Denis-en-Margeride se distingue par son église, dont le clocher à peigne possède quatre arcades, édifiée au XIIe siècle par les moines de la Chaise-Dieu qui avaient choisi cet emplacement propice sur les bords de la Mézère, affluent de la Truyère. Bien taillé et appareillé, le granit, omniprésent dans cette région, donne à son église, à son manoir et à toutes ses oustals, l'aspect robuste et rustique qui fait le charme de ce village.

Départ : Saint-Denis-en-Margeride
Accès : 16 km au nord de Rieutort. Par la D806, puis la D58 à droite et la D5, se rendre à Saint-Denis-en-Margeride. Parking de l'église au centre du village.
Difficulté : chemins faciles, montée soutenue en deuxième partie. Prudence, en période de chasse, à éviter par mauvais temps ou brouillard.
Période : privilégier printemps, été et début de l'automne. À éviter par temps orageux, grand vent, brouillard, neige ou période de gel.

P'tit plus

- L'église de Saint-Denis.

Itinéraire

Dos à l'église, partir à gauche sur la rue principale. À la sortie du village, prendre à gauche la petite route qui traverse Mézery-le-Bas et Mézery-le-Haut. Au point 1204, continuer tout droit sur la piste. Traverser le ruisseau de Laldonnes. Au carrefour suivant, filer à droite, puis au point 1 199 m ❶, prendre à gauche la piste qui monte (assez soutenue), rejoint l'ancienne draille de transhumance et entre dans la forêt de hêtres et résineux. Après le point 1298, s'engager à droite et descendre jusqu'à la D5 ❷. Emprunter à gauche la route sur 100 m et monter à droite ❸ par le sentier plein est qui se faufile entre les hêtres ; le chemin bien marqué grimpe assez fortement. Lorsque la pente s'infléchit, on débouche sur un petit plateau et on retrouve une piste plein sud. Elle passe un grand carrefour, aller tout droit (plein sud). Après 400 m, on peut par un AR (500 m, 50m+) monter à droite au ranc de la Licheyre. Revenu sur la piste, passer près d'un pylône de télécommunication ; 400 m après celui-ci ❹, tourner à gauche sur une piste. À la sortie de la forêt, prendre franchement à gauche et après 4 virages, traverser le ruisseau du Devès (1 330 m). Continuer tout droit vers La Villedieu. Dans La Villedieu, emprunter la petite route vers Saint-Denis sur 150 m puis s'engager à gauche sur la

Le gaillet vrai ou caille-lait.

Paisibles sous-bois de Margeride.

piste (passer aux points 1302 m, 1300 m), couper l'ancienne draille de transhumance et continuer tout droit vers Limousis. Avant ce hameau 5, obliquer à droite, la piste mène au Chazal-Hivernal. À sa sortie, suivre la route jusqu'au col (1 352 m) 6. Prendre à gauche. Le chemin pénètre en forêt. Ignorer la petite piste à gauche, continuer. Après un large virage à droite, passer à la fontaine de Malbertes (source captée). Au carrefour (1 333 m), virer franchement à droite et descendre. Au carrefour suivant (1 326 m), partir à gauche, aux deux carrefours suivants, continuer tout droit vers Saint-Denis que l'on aperçoit plus bas en face.

Rando n°4

Saint-Paul-le-Froid et la sérénité de son haut plateau

ITINÉRAIRE
16,4 km
5h00
310 m+

Saint-Paul-le-Froid, dont le calvaire et le clocher à 1 305 m dominent les hautes terres du versant est de la Margeride, doit sans doute son nom au petit vent du nord qui balaye parfois le plateau… S'il est vrai que la tourmente a pu sévir l'hiver sous des températures sibériennes dans cette région dite du Haut Val d'Allier, chaque saison peut y réserver un temps magnifique permettant d'apprécier son charme paisible. La ligne de crête de la Margeride s'étire sur l'horizon ouest tout proche, au-dessus de 1 400 m, dominée par le roc de Fenestre à 1 486 m. Saint-Paul-le-Froid aurait pris naissance au XIIe ou au XIIIe siècle, à la suite de l'implantation d'une chapelle au carrefour de voies importantes à l'époque, desservie par un prieur venant de l'abbaye cistercienne de la Voûte-Chilhac qui étendait ainsi son influence sur ce vaste domaine foncier.
Le Chayla-d'Ance devrait son origine à la construction, à l'époque médiévale, d'une tour, puis d'un château, siège du pouvoir seigneurial, face à Saint-Paul, siège d'un pouvoir religieux. Dès lors, les deux communautés se sont livrées des siècles durant à une lutte d'influence que le cours paisible de l'Ance qui rampe en innombrables méandres dans la plate vallée qui les sépare est enfin arrivé à apaiser.
Du château du Chayla, il ne reste que la plateforme. L'Histoire se souvient toutefois de l'abbé du Chayla, né en ce château, dont l'assassinat au Pont-de-Montvert en 1702 fut à l'origine de la guerre des Camisards. La Bataille devrait son nom à un affrontement qui aurait eu lieu à cet endroit entre Romains et Gabales, ou entre autochtones et Routiers anglais durant la guerre de Cent Ans.

Départ : Saint-Paul-le-Froid (1305 m).
Accès : à 24 km au nord de Rieutort, 6 km à l'ouest de Grandrieu. Par les D59, D34 et à nouveau D59, gagner Saint-Paul-le-Froid. Stationner à l'une ou l'autre des entrées du village
Difficulté : aucune.
Période : privilégier printemps, été et début de l'automne. À éviter par temps orageux, grand vent, brouillard, neige ou période de gel.

P'tit plus

- Église de Saint-Paul-le-Froid et son calvaire.
- Le col de la Baraque des Bouviers, son auberge dotée d'un clocher à tourmente, lesbouviers.com, 07 65 22 80 26 / 04 66 48 27 92.
- Restaurants à Grandrieu :
  - Mazimbert, 04 66 46 45 09.
  - La Folle Guinguette, 06 50 59 22 48.
  - Un Petit Grain, 07 87 24 01 73.

Paysage typique de haute Margeride.

Itinéraire

À la croix située au bas du village, partir à droite direction Le Chayla-d'Ance, sur 50 m. Bifurquer à gauche et descendre un chemin de terre encaissé (blanc et rouge). À la première fourche, aller à droite (blanc et rouge) jusqu'à la D59. Traverser la D59, le village des Martines et la rivière l'Ance. Poursuivre jusqu'à la cote 1185 et obliquer à droite (jaune et rouge). Passer devant le moulin de Charraix jusqu'à atteindre Le Chayla-d'Ance. Traverser direction Boirelac et à la sortie du village ❶, prendre un chemin à droite pour descendre au moulin de Boirelac. Traverser à nouveau l'Ance (2 ponts successifs), puis la D59. Monter en face dans le bois et aller jusqu'au carrefour (1 273 m) ❷ où une croix monolithique est posée à même le sol. Bifurquer à gauche sur le sentier balisé blanc et rouge jusqu'à Monfourchès. Emprunter la route goudronnée à droite sur 50 m et tourner à gauche ❸ sur un chemin. Prendre à droite à la croix de Chapel (1 188 m) et rejoindre la Bataille en passant le pont romain (1 172 m). Traverser le village et à sa sortie, emprunter un chemin de terre à droite, le suivre jusqu'à la D5. S'y engager sur 100 m. À la croix de Pasquet (1 297 m) ❹, obliquer à droite sur l'ancienne route (non goudronnée) de Saint-Paul-le-Froid et jusqu'au village (à la fourche à 1 264 m, les deux chemins vont au village).

2

LOZÈRE PONT-DE-MONTVERT OU FINIELS

DES PANORAMAS SOMPTUEUX

Le massif du Mont-Lozère domine le département auquel il a donné son nom. Le Tarn y prend sa source, près du pic Cassini. Situé au sein du Parc national des Cévennes, le massif offre des panoramas somptueux à découvrir lors de très belles randonnées. Du sommet du Finiels, point culminant de la chaîne à 1699 m, on peut distinguer par temps clair le Plomb du Cantal au nord-ouest, la chaîne des Alpes à l'est et la mer Méditerranée côté sud. Si les chemins de randonnée sont ouverts toute l'année, les hivers peuvent se montrer particulièrement rigoureux au milieu de ces sommets balayés par les vents et souvent recouverts de neige; on peut même y skier au village du Bleymard. Au printemps, les genêts ajoutent des touches mordorées à ces paysages grandioses et verdoyants où s'épanouissant sangliers, chevreuils mais aussi bovins en estive. L'automne, période de brame du cerf, amène aussi sa palette chromatique au sein des feuillages caducs et persistants tandis qu'en été, il est prudent de partir tôt en randonnée pour éviter les grandes chaleurs.

Ci-dessus : **Pont-de-Montvert.** © Wikimedia Commons / Andreas Eischler
Page de droite : **rencontre de transhumants sur le mont Chauve (rando n°2).**

PRATIQUE

Quand venir

■ Toute l'année, mais l'hiver peut y être rigoureux.

Y aller

■ **En voiture :** de Montpellier, prendre l'A2 jusqu'à Nîmes, puis prendre la N106 direction Alès. À la sortie d'Alès, direction Mende pour la D60. Arriver à Pont-de-Montvert. Pour prolonger jusqu'à Finiels, prendre la D20 direction Florac/Finiels.

■ De Clermont-Ferrand, prendre l'A75 jusqu'à la sortie 34 à Saint-Chély d'Apcher. Puis emprunter la D806 jusqu'à Monts-de-Randon puis la D1 jusqu'à Belvezet et enfin la D20, jusqu'à Finiels ou Pont-de-Montvert.

■ **En transports en commun :** il y a peu de gares SNCF en Lozère. Depuis Montpellier, vous pouvez prendre un train à la gare Saint-Roch jusqu'à Nîmes. Puis un autre train jusqu'à Villefort. Puis un taxi. Les bus liO Occitanie assurent depuis Montpellier une liaison jusqu'à Nîmes, puis un nouveau bus est disponible jusqu'à Génolhac. Il faut ensuite prendre un taxi (à réserver) ou louer une voiture. La ligne de bus liO 261 relie Florac au mont Lozère.

Sur place

■ Durant les vacances d'été en juillet et août, des navettes touristiques sont mises en place sur les grands axes. Depuis Florac, la ligne 12 relie chaque jour le chalet du Mont-Lozère en passant par Finiels.

Se loger

■ **Le Palio de Louise :** ce bâtiment traditionnel entièrement rénové à Finiels dans un style contemporain avec des pièces très spacieuses permet de loger 4 personnes dans deux chambres. 06 32 75 39 35.

■ **Gîte Millepertuis :** une maison indépendante près du hameau de Finiels, permettant d'héberger jusqu'à 4 personnes. 06 52 04 63 60.

■ **Hôtel aux sources du Tarn :** ce grand bâtiment situé au-dessus de la rivière à Pont-de-Montvert offre un cadre superbe avec 19 chambres disposant de petites terrasses. L'hôtel dispose d'un restaurant. 04 66 45 80 25.

■ **Camping de La Barette :** ouvert du 1er mai au 30 septembre à Pont-de-Montvert, le camping est doté de 25 emplacements ombragés, aménagés entre de gros blocs de granit. 07 62 31 48 00.

② LOZÈRE • PONT-DE-MONTVERT OU FINIELS

Une montée au Finiels (rando n°2) haute en couleurs !

Envie d'autres expériences ?

■ Le Vallon du Villaret est un **parc de découverte** aussi étonnant que poétique pour tous les âges, créé en 1993 à Bagnols-les-Bains et offrant un parcours en forêt avec chemin de filet, parcours de l'eau, pays des sons, etc. 04 66 47 63 76. Ouvert de mai à septembre.

COUP DE CŒUR

■ À 25 km de Finiels, le Cham des Bondons est un incroyable site regroupant plus de 150 menhirs de granit plantés là voilà plus de 4 000 ans, à la fin du Néolithique. Le site constitue la deuxième concentration de monuments mégalithiques en Europe après les alignements de Carnac en Bretagne.

■ Dans les années 1980, Gentiâne fut pionnière du **tourisme avec un âne**, sur les traces de Robert Louis Stevenson. Aujourd'hui, le gîte d'étape compte près d'une quarantaine d'ânes et ânesses qui se louent pour des séjours de 2 à 14 jours. 07 72 12 46 64.

À VOIR / À FAIRE

■ Pont-de-Montvert est célèbre pour son histoire mouvementée durant les guerres de Religion.

■ Ce village préservé aux trois ponts, traversé par les GR®70 Chemin de Stevenson ainsi que les GR®72 et GR®736, est une étape inévitable dans la découverte du pays cévenol. On peut y découvrir à quelques kilomètres, le chaos lunaire de Rocmusel et les villages abandonnés de Paillasse et Peyreguy.

ENVIE D'AUTRES BALADES ?

■ **Vadrouïlle :** porté par le collectif Lundi soir regroupant de jeunes artistes qui ont passé un an en résidence sur le Mont-Lozère, le projet Vadrouïlle a donné naissance à sept créations sonores en plein cœur du Parc national des Cévennes. Les témoignages d'habitants mais aussi les éléments sonores de la nature, les animaux sauvages, les troupeaux ont été captés par ces artistes pour des créations sonores à découvrir en parcourant **les grands chemins du Mont-Lozère.** Des **pierres gravées** attendent le long du **GR®7 et du GR®70.** Une fois devant la pierre, on déclenche la piste correspondant des audioguides disponibles au Bleymard et à Pont-de-Montvert. Ou à télécharger sur Playstore ou Apple.

■ **Cascade de Runes :** à 25 minutes de Finiels, superbe chute d'eau du ruisseau Runes, qui alimente ensuite le Tarn. La cascade de Runes mesure dans sa totalité près de 70 m de haut avec deux chutes, l'une de 46 m de haut plongeant dans un gouffre de 7 mètres de profondeur et l'autre de 24 mètres. On y accède par un petit sentier qui longe le ruisseau de la Rune en bord de pâturage. Le chemin, avec un dénivelé de 90 m, est parsemé de blocs de granit qu'il faut contourner ou franchir.

Ci-dessus : **à l'arrivée, au pied des rochers (rando n°1).**
Ci-dessous : **le roc de Montal au printemps (rando n°1).**

ASTUCE RANDO

On ne sait jamais ce qui peut arriver lorsqu'on part en randonnée : fringale, randonnée qui dure plus longtemps que prévu, accident... Pour ne pas tomber en panne d'énergie, emportez toujours une mini-réserve alimentaire, y compris pour les petites balades (barres énergétiques, fruits secs...). Cette réserve doit faire partie du fameux « fond de sac » indispensable. Choisissez des aliments qui se conservent longtemps pour éviter d'avoir à les renouveler trop souvent... ou de se retrouver un jour avec une barre périmée depuis 10 ans !

② LOZÈRE • PONT-DE-MONTVERT OU FINIELS

Rando n°1

Le roc de Montal depuis Finiels

ITINÉRAIRE
7,2 km
2h00
200 m+

Une jolie balade sur le versant sud du mont Lozère à partir du village de Finiels – bien abrité des vents du nord – qui emprunte une crête perpendiculaire se terminant au roc de Montal, au-dessus de Pont-de-Montvert.

Départ : village de Finiels (1 220 m).
Accès : depuis le Pont-de-Montvert, emprunter la D20 jusqu'à Finiels. Parking dans l'épingle, à la sortie du village en direction du col de Finiels.
Difficulté : aucune, si ce n'est l'accès au sommet qui nécessite de la prudence autour des blocs, à éviter par temps humide ou par grand vent.
Période : printemps, été.

P'tit plus

■ Le hameau de Finiels aux maisons typées.

Itinéraire

Prendre la petite route qui démarre de l'épingle où se trouve le parking. La montée est rapidement soutenue en même temps que la partie goudronnée disparaît. Arrivé au carrefour ❶ (1 348 m), prendre à gauche par le chemin qui devient plus étroit. Le sentier file ❷ en direction du roc de Montal que l'on aperçoit. Le sentier domine deux vallées et se faufile entre blocs rocheux et genêts. À proximité du roc de Montal ❸, plusieurs traces au cœur des genêts partent à gauche en direction des rochers. Il est possible de rejoindre la crête, la pente est assez forte (prudence en particulier avec les enfants).

Apprécier le point de vue avant de faire demi-tour pour descendre par le chemin de l'aller.

AMBIANCE
La crête est facile, avec des points de vue sur les deux côtés : la vallée de Finiels à l'est et celle de Finialettes à l'ouest avec, au loin, La Brousse. L'ambiance est paisible et, au printemps, les genêts en fleurs constituent un magnifique décor.

Au retour, au cœur des pâturages fleuris.

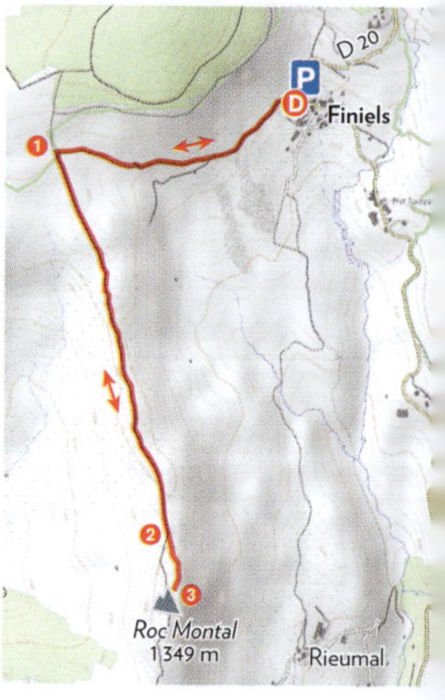

Rando n°2

Le mont Lozère ou sommet du Finiels (1699 m)

Le centre de ski du Bleymard-Mont Lozère permet en toutes saisons de pratiquer les activités de pleine nature dans le confort des grands espaces préservés. Il constitue le point de départ idéal pour randonner sur le mont Lozère. La ligne de crête du massif est formée d'une ponctuation de sommets rapprochés dont le pic de Finiels est le culminant avec ses 1 699 m. Le panorama y est somptueux. Par temps clair, la chaîne des Alpes est visible. Des tables d'orientation ont été disposées sur ce promontoire granitique. Le sentier d'accès est bordé de pierres taillées en forme de menhirs appelées « montjoies » qui balisaient la draille pour éviter aux muletiers ou aux pèlerins de se perdre par mauvais temps. Sur certaines de ces pierres sont gravées des croix de Malte rappelant qu'une commanderie des hospitaliers avait l'emprise sur cette région au XIIe siècle. Ayant suivi ce chemin, Stevenson, accompagné de son ânesse Modestine, a pu découvrir et contempler les Cévennes depuis ce sommet et décrire ses sensations dans son célèbre ouvrage *Voyage avec un âne dans les Cévennes*.
En suivant la crête, on peut gagner le signal des Laubies (1 657 m) et élargir encore le champ d'horizon.

Départ : station du Mont-Lozère (1 416 m).
Accès : 15,5 km de Pont-de-Montvert. Par la D20 via le col du Finiels rejoindre la station du Mont-Lozère.

Difficulté : montée parfois soutenue au départ, descente forte depuis le sommet jusqu'à la piste. Se munir de vêtements chauds et eau suffisante. Rando proscrite en cas de brouillard, temps orageux ou mauvais temps. Éviter les troupeaux.
Période : privilégier printemps, été et début de l'automne.

Pied de Chat.

2 LOZÈRE • PONT-DE-MONTVERT OU FINIELS

P'tit plus

- Hôtels-restaurants à la station et au Bleymard.
- Pierres levées gravées de la croix de Malte pour certaines, elles bordent le sentier et délimitaient un domaine.

Sommet du Finiels

Du parking, partir sur le GR® 70 (blanc et rouge, sentier de Stevenson) en direction de la chapelle. Monter tout droit, traverser une piste 1 (près du relais radio). La pente se fait soutenue. Le sentier, au cœur de la pelouse est bordé de pierres levées. Il débouche sur un col 2 (1 635 m). Prendre à droite, la pente est encore soutenue, en direction d'un premier sommet (1 688 m) 3. Continuer tout droit jusqu'au sommet de Finiels 4 (1 699 m, pierres érigées en abri, 3 tables d'orientation permettent la lecture du paysage). Emprunter la ligne de crête (vers l'ouest), passer au creux d'un large col et gagne le sommet suivant 5 (1 685 m). Quitter la ligne de crête et partir à droite sur le sentier bien marqué qui descend fortement dans la pente nord. Étroit et très pentu, ce sentier au cœur des pelouses rejoint rapidement une large piste 6. Prendre à droite cette piste qui ramène au pylône de radio 1 puis au parking.

Avec AR au signal des Laubies

Du sommet à 1 685 m 5, sur la crête et se diriger (trace bien marquée) vers le sommet suivant (1 675 m), continuer en descente vers un large col, puis s'élever sur le sommet bien visible à 1 654 m jusqu'au dernier à 1 657 m, le signal des Laubies. Avancer de 200 m jusqu'en bordure, légèrement à droite, près de rares arbustes, pour apprécier le point de vue sur toute la Lozère nord et ouest, avec le roc des Laubies et le roc de Serviès. Les larges combes du versant nord abritent de beaux villages de granit : Servies, Les Sagnes, Lozerette, Auriac. Chacun possède son clocher de tourmente.
Revenir sur ses pas jusqu'au point 5 et descendre par le parcours principal proposé.

SOMMET DU FINIELS
9,3 km
3h00
285 m+

SIGNAL DES LAUBIES
14,2 km
4h30 à 5h00
400 m+

Patchwork de pelouses à la fin de l'été.

Rando n°3

Les sources du Tarn

Cette belle randonnée est à entreprendre de préférence sur une journée, en prenant le temps, car durant le parcours, le long de la rivière, tout est enchantement. L'itinéraire se déroule entièrement sur le territoire du Parc national des Cévennes.

SOURCES DU TARN
9,5 km
3h00
240 m+

SENTIER DÉCOUVERTE
3 km
1h00
60 m+

Départ : Mas Camargues.
Départ : parking à Mas Camargues.
Accès : à 11,1 km de Pont-de-Montvert. Emprunter la petite route de Villeneuve jusqu'à l'Hôpital, puis la piste jusqu'à Mas Camargues.
Difficulté : sentier rocheux par endroits.
Période : toutes, sauf l'hiver, par brouillard ou grand vent.

P'tit plus

- Le hameau de l'Hôpital (habitat de granit typé).

Sources du Tarn

S'engager en rive droite du Tarn. Longer une clôture sur les 200 premiers mètres, quelques blocs rocheux nécessitent de l'attention. Partir dans la pente herbeuse avec quelques petits chaos rocheux faciles. Traverser un petit ruisseau, observer dans les tourbières 1, les droséras. Une magnifique vasque apparaît 2, très profonde, au pied d'une dalle de granite. Au carrefour 3, continuer tout droit, rive droite du Tarn, au cœur des pâturages, blocs de granite et genêts. Le véritable premier affluent du Tarn, la rivière la Levade 4 descend du pic Cassini qui domine sur la droite. Poursuivre, on coupe le trajet de plusieurs petites sources. Presque en haut de la grande combe, on découvre la source la plus importante 5. Continuer la montée en obliquant petit à petit et en faisant le tour de la combe naturelle. En changeant de rive, on découvre les autres sources. Suivre le sentier. Passer près d'une borne très repérable 6. On découvre au nord-est la chaîne des montagnes d'Ardèche. Continuer jusqu'à rencontrer le sentier de descente 7, le prendre à droite. Rejoindre l'itinéraire de montée 8. Rester rive droite (forêt de hêtres en rive gauche). Au carrefour 3, s'engager à gauche et traverser le Tarn sur un pont. S'enfoncer sous les frondaisons, suivre le sentier qui longe un moment un canal, s'en tenir au plus près, passer près d'un chaos de granite 9 et rejoindre la ferme de Mas Camargues. Gagner le parking à 200 m à droite.

En suivant le Tarn naissant.

Sentier découverte

Une courte balade très facile consiste à parcourir uniquement le Sentier Découverte. Au point 3 ne pas poursuivre mais franchir le Tarn et descendre au centre d'information du Parc national des Cevennes.

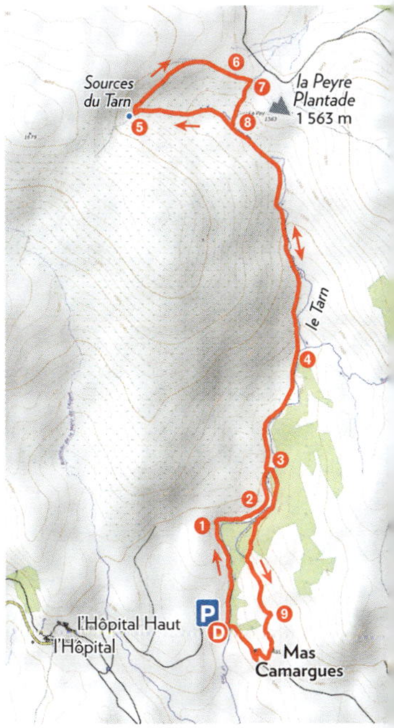

❷ LOZÈRE • PONT-DE-MONTVERT OU FINIELS

Rando n°4

Le signal du Bougès

ITINÉRAIRE
22,4 km
7h00
770 m+

Sans hésitation, l'une des plus belles randonnées de Lozère ! Mais aussi une des plus longues de ce guide !
Le long relief du Bougès, où se mêlent schiste et granit, atteint 1 420 m d'altitude. Il fait partie du Parc national des Cévennes dont il est le troisième plus haut massif après ceux du Lozère et de l'Aigoual. Au nord, il est séparé du mont Lozère par la haute vallée du Tarn ; au sud, il plonge dans la vallée du Gardon d'Alès d'un côté et dans celle de la Mimente de l'autre.
Son versant nord, largement boisé, mais comportant des replats pastoraux dégagés, s'apparente au mont Lozère voisin, tandis que sur son versant sud, qui constitue la plus haute pente schisteuse des Cévennes, alterne serres et valats où s'étagent les châtaigneraies et les petits espaces pastoraux caractéristiques de l'économie montagnarde cévenole.
C'est dans ces montagnes des Hautes Cévennes qu'en 1702 – après des décennies de persécutions et d'humiliations, et à la suite de l'assassinat de l'abbé du Chayla et l'exécution d'Esprit Séguier, l'un des meneurs de la révolte des protestants – est née la révolte ayant enclenché la sanglante guerre des Camisards.

Départ : Pont-de-Montvert.
Difficulté : parcours sans difficulté mais long…
Période : toutes, sauf l'hiver, par brouillard ou grand vent.

P'tit plus

- Château de Grizac, visite en été uniquement, 04 66 45 81 94.

Itinéraire

Du pont sur le Tarn, traverser et prendre entre les maisons en face le sentier, balisé blanc et rouge. Tout de suite, il fait une épingle à gauche et rapidement prend de la hauteur. Le suivre, il atteint le plateau et file vers le sud. Après deux épingles, il frôle une bergerie. Peu après au carrefour, 100 m avant d'arriver à la route, ❶ obliquer à gauche et atteindre la route que l'on emprunte à gauche jusqu'au pont (coté 991) ❷. À l'entrée de

Arrivée à Grizac.

Traversée du Ramponsel avant Grizac.

celui-ci, partir à droite. À Champ Long de Bougès, continuer tout droit (balisage GR®). Rejoindre une piste qui vient de gauche. À l'épingle qui suit, aller tout droit. La montée est soutenue et on gagne un col avec une stèle (1 303 m) 3, s'élever à droite, après un faux plat. Par une montée soutenue, parvenir à un sommet (1 338 m). La piste tourne à droite, peu après (panneau), passer au lieu-dit Les Trois Fayards (AR court). Emprunter la ligne de crête et gagner le sommet du Bougès (1 421 m) ; la descente qui suit est spectaculaire, dominante, longe le bois. En bas de la pente, abandonner le sentier balisé qui part à gauche, et aller tout droit en face dans la forêt ; ignorer successivement deux chemins à droite, passer aux points 1 211 m et 1143 m. Juste après le troisième chemin, déboucher sur la route, l'emprunter à droite sur 300 m. À la sortie du virage, s'engager sur le chemin à gauche puis tout droit ; 300 m après, obliquer à gauche et descendre plus fortement pour retrouver une piste. Au carrefour, virer franchement à droite et au pont séculaire (1 014 m) 4, le traverser. De là, le sentier grimpe agréablement et traverse un plateau cultivé jusqu'à Grizac. Après la visite, revenir au pont, le traverser et aller à gauche. Remonter la vallée, trouver une piste, au croisement prendre franchement à gauche. Traverser un ruisseau et au carrefour suivant,

Une tulipe de Celse.

obliquer à droite jusqu'à retrouver la route. Ne pas la traverser, mais prendre le chemin le plus à droite ; le suivre tout droit peu après le point 1109, virer à droite et à 100 m, retrouver le sentier de montée 1 qui ramène à Pont-de-Montvert.

3

MEYRUEIS

ENTRE CAUSSES ET CÉVENNES

Le village de Meyrueis, à l'entrée des gorges de la Jonte et au pied du mont Aigoual, est le point de contact entre les causses calcaires et les Cévennes schisteuses. Grâce à cette position intermédiaire, Meyrueis, qui trouve ses origines à l'époque gallo-romaine, fut longtemps un centre d'échanges commerciaux très actif. Haut lieu du protestantisme, le sud de la Lozère fut pourtant oublié de l'industrialisation et du développement des voies de communication, au contraire de la face gardoise du mont Aigoual, et a subi de plein fouet l'exode rural. La découverte et l'exploitation de l'abîme de Bramabiau firent cependant à la fin du XIXe siècle de cet espace un des lieux pionniers du tourisme dans la région, mais ce territoire reste encore vierge et sauvage. Entre les étranges amas de pierres calcaires pouvant faire croire à une cité ruinée du Chaos de Nîmes-le-Vieux à la majesté des gorges du Tarn et ses falaises abruptes hautes parfois de 500 mètres, c'est un paysage grandiose qui s'offre à la vue, et à la méditation.

Ci-dessus : Meyrueis.
© Wikimedia Commons / R. Gerrit.jpg
Page de droite : une arche au bord du sentier (rando n°5).

PRATIQUE

Quand venir

■ Toute l'année, mais l'hiver peut y être rigoureux.

Y aller

■ **En voiture :** de Montpellier, prendre l'A75 jusqu'à la sortie 44.1 Gorges du Tarn vers Cahors, puis emprunter la D29 direction Aguessac. Poursuivre par la D996 jusqu'à Meyrueis.

■ De Clermont-Ferrand, prendre l'A75 jusqu'à la sortie 40 vers La Canourgue. Prendre ensuite la D998, puis la D43 jusqu'à La Malène, puis la D986.

■ **En transports en commun :** depuis Montpellier, vous pouvez prendre un train à la gare Saint-Roch jusqu'à Millau, avec changement à Béziers. Puis un taxi. Les bus liO Occitanie assurent depuis Montpellier une liaison jusqu'à Millau, puis un nouveau bus (le 215) est disponible jusqu'à Meyrueis.

Sur place

■ Durant les vacances d'été en juillet et août, des navettes touristiques sont mises en place sur les grands axes. Depuis Mende, la ligne 9 relie trois fois par semaine la préfecture de la Lozère à Meyrueis, en passant par Sainte-Énimie et l'Aven Armand.

Se loger

■ **Hôtel de l'Europe :** un établissement familial de 29 chambres situé le long de la rivière. Parking privé sécurisé. 04 66 45 60 05.

■ **Château d'Ayres :** luxe, calme et volupté se conjuguent au sein de cet ancien monastère bénédictin, devenu résidence seigneuriale et depuis un siècle hôtel-restaurant, dans une bâtisse au charme désuet. Des piscines, extérieure et même intérieure, sont à disposition pour un séjour relax ! 04 66 45 60 10.

■ **Camping le Pré de Charlet :** ouvert des vacances de Pâques à fin septembre, ce camping familial dispose de 50 emplacements en bordure de la Jonte, à 900 m du centre de Meyrueis. 04 66 45 63 65.

■ **Village Domaine Aigoual Cévennes :** un village de vacances aux portes de Meyrueis avec des chalets permettant jusqu'à 6 couchages. Accès PMR. 06 95 92 39 33.

3 MEYRUEIS

Les vases de Sèvres et de Chine (rando n°5).

Envie d'autres expériences ?

■ Cascades, toboggans naturels, sections de nage… le canyon du Tapoul au nord du mont Aigoual est une destination idéale pour expérimenter le **canyoning** dans les Cévennes. Les Arts du Vide, basés à Meyrueis, propose des sorties d'une demi-journée. 06 81 06 34 96.

■ Plus maniable que le VTT, la **trottinette électrique** vous permettra de dévaler les pentes du mont Aigoual, une expérience inoubliable ! Les engins de l'agence Nature Cévennes Fremyc, basée à Meyrueis, sont équipés de suspensions et de freins pour garantir stabilité et sécurité. 06 58 13 48 48.

COUP DE CŒUR

■ À Saint-Sauveur de Camprieu, c'est en 1888 qu'a été explorée la cavité où disparaît la rivière souterraine le Bonheur, pour s'engouffrer sous le causse de Camprieu et ressurgir en cascade 800 mètres plus loin. L'abîme de Bramabiau est depuis un site qui se visite sur un kilomètre de dédale, au milieu des stalactites et concrétions de la montagne.

ENVIE D'AUTRES BALADES ?

■ Au départ de Meyrueis, agréable balade de 7 km jusqu'à la cascade de Salvinsac, en passant par le château d'Ayres.

■ Sur le causse Méjean, à la sortie du hameau de Drigas, randonnée sans difficulté de 9,5 km avec la traversée de trois hameaux. Et la possibilité de découvrir une enceinte protohistorique sur le point haut de la randonnée et d'aller voir l'aven tout près du hameau de Hure.

■ Le sentier de Dargilan se trouve à la pointe ouest des frontières du département de Lozère. Cette boucle empruntant la forêt de Serigas permet de découvrir la falaise dominant les gorges de la Jonte, face au village opposé de Capelan.

ASTUCE RANDO

Avant de partir en randonnée, il est essentiel de bien s'informer sur l'itinéraire que l'on empruntera : distance, dénivelés positif et négatif, technicité. Il ne suffit pas de regarder les panneaux indicateurs présents sur les sentiers qui ne donnent qu'une idée très générale du temps de marche. Consulter un topoguide et une carte permet d'anticiper d'éventuelles difficultés et de visualiser le parcours pour mieux s'adapter en cas de fatigue, de blessure ou de changement météo.

Ci-dessous : **l'observatoire de l'Aigoual (rando n°4).**
En bas : **Meyrueis, la Jonte au confluent avec le Béthuzon.** © Wikimedia Commons / Jacques Mossot

À VOIR / À FAIRE

- Située à Hyelzas, la Ferme caussenarde d'autrefois est un véritable musée d'arts et traditions populaires qui permet une immersion dans le mode de vie d'antan à la ferme et le quotidien des habitants en Lozère avant la révolution industrielle. Les reconstitutions de cet écomusée créé dans les années 1980 évoquent les travaux des champs, la fabrication des fromages ou du pain, l'élevage des brebis, etc. 04 66 45 65 25.
- La fromagerie Le Fédou à Hyelzas produit une gamme d'une vingtaine de fromages traditionnels à base de lait de brebis : du Pérail au Titounet, une véritable expérience gustative. 04 66 45 66 74.
- Originaires de Mongolie, les chevaux de Przewalski ont été implantés sur le Causse Méjean en 1990, au Villaret. Menacés d'extinction, les chevaux de Przewalski y ont trouvé un refuge précieux au cœur d'une réserve de 400 hectares, où l'association TAKH se bat pour leur préservation et travaille à leur réintroduction dans les vastes steppes d'Asie centrale. 04 66 45 64 43.

Rando n°1

Le chaos de Nîmes-le-Vieux et le causse Méjean

ITINÉRAIRE
4,1 km
1h30
130 m+

Cette balade est une des incontournables du secteur : le site propice à l'imagination sera adoré par les enfants. Le chaos de Nîmes-le-Vieux est impressionnant, en raison de l'immensité des rochers ruiniformes. Ce chaos est un des joyaux du causse Méjean. Un panneau à l'entrée du sentier rappelle les principaux éléments du patrimoine rural du causse.

Départ : parking à l'entrée de l'Hom.
Accès : à 15 km de Meyrueis. Prendre la route de Florac (D996) jusqu'au col de Perjuret. Tourner à gauche et prendre la petite route en direction du hameau de l'Hom.
Départ : parking à l'entrée de l'Hom.
Difficulté : aucune.
Période : toutes.

P'tit plus

- Ferme Auberge du Veygalier, 04 66 45 65 45.
- Gîte à l'Hom.

Itinéraire

Du parking, prendre à droite (panneau explicatif), suivre ensuite le balisage jaune. Le sentier est très marqué par la fréquentation, et plusieurs itinéraires se présentent, s'en tenir au balisage. Les chaos s'enchaînent (panneau) : beaux points de vue. Parvenir au hameau de Gally 1 : beau bâti qui vaut l'aller-retour. Au carrefour 1, reprendre à droite sur le sentier d'interprétation. Ne pas être surpris, si au cœur d'une belle végétation, on trouve un petit ruisseau (trop plein du grand réservoir alimentant tout le causse Méjean, à partir de l'Aigoual). Les beaux sites 2 aspirant à la pause s'enchaînent, avec des rochers très typés. On ne tarde pas à rejoindre le point de départ.

Au cœur du chaos de Nîmes-le-Vieux.

Un des monstres de calcaire !

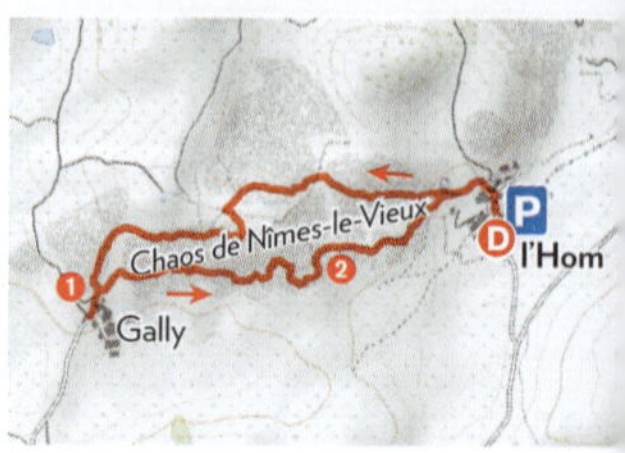

Rando n°2

La vallée du Tarnon

Dans la vallée du Tarnon, lové autour de la grande place, Vébron, à la croisée des vallées cévenoles, des gorges du Tarn et du causse Méjean, marque le départ d'une agréable balade dans une ambiance forestière qui séduira petits et grands. À la bonne saison, plusieurs coins de baignade dans le Tarnon compléteront cette boucle.

Le Tarnon.

Départ : Vébron, place du village.
Accès : à 21,7 km de Meyrueis. Par la D996 puis la D907 en direction de Florac, gagner à Vébron. Stationner parking du centre.
Difficulté : aucune, ne pas entreprendre après de fortes pluies.
Période : de mars à novembre.

P'tit plus

- Vébron : baignade dans le Tarnon à la saison.
- Visite de la ferme de Solpérières, 06 85 61 29 40.

Itinéraire

Depuis la place du village, emprunter à droite, après l'auberge, la D907. Dans la descente passer sur le vieux pont et bifurquer à gauche à son extrémité le long du Tarnon. Peu après suivre le bon chemin qui tourne le dos à la rivière, passe dans une ancienne châtaigneraie, coupe un ruisseau sur une petite passerelle puis remonte jusqu'au croisement de chemins. Prolonger sur la droite 1 pour déboucher aux ruines de Broussous. Après celles-ci, à la jonction de piste 2 bifurquer à droite. Parvenu au prochain croisement, bien rester dans l'axe pour rejoindre une bonne piste que vous suivez à droite 3 tout en profitant des points de vue. Ignorer sur la gauche le sentier de l'Hospitalet. Après 450 m, bien prendre à gauche 4 le sentier qui se noie dans la châtaigneraie. À la route, passer sous le poteau électrique et se laisser descendre entre les chênes et les châtaigniers pour déboucher aux Vanels. Dans le hameau, prolonger par la route. Après 700 m, descendre à droite 5, couper la rivière sur le pont arrondi. Suivre le Tarnon pour revenir au pont vieux et remonter jusqu'à Vébron.

ITINÉRAIRE
9 km
3h00
350 m+

Vébron

3 MEYRUEIS

Rando n°3

La croix de Fer depuis Lanuéjols

ITINÉRAIRE PRINCIPAL
22,6 km
6h30
560 m+

VERSION MOINS LONGUE
20,3 km
5h45
530 m+

Lanuéjols situé en limite de l'Aveyron et de la Lozère, à l'extrémité orientale de la cuvette du Valdonnez, bénéficie d'une position privilégiée sur le causse Noir, entouré de rivières et de gorges: la Jonte, le Tarn, le Trévezel et la Dourbie. Le causse Noir est appelé ainsi car autrefois ce plateau calcaire était recouvert de pins sylvestres. Pour rejoindre la croix de Fer, cette randonnée au départ de la magnifique église et de la fontaine christianisée du XVIe siècle se fait dans l'ambiance médiévale restituée par de petites ruelles, venelles pavées, placettes et maisons de granite doré aux toits de lauze. Elle traverse une forêt magnifique, passe près de l'arboretum de la Foux, frôle l'abîme de Bramabiau et se noie dans la vallée du Bonheur à Camprieu, tout en vous offrant de magnifiques panoramas.

La croix de Fer.

Départ : Lanuéjols.
Accès : 10,6 km de Meyrueis. Par les D996 et D47, parvenir à Lanuéjols. Stationner parking de la Mairie.
Difficulté : aucune, mais distance conséquente. Attention lors des traversées de route.
Période : de mars à novembre.

Itinéraire

Depuis la place de la Mairie, prendre face à vous sur quelques mètres avant de bifurquer à gauche entre les habitations (rouge-blanc), rue du Serre. S'éloigner du village, par un bon chemin fidèle au balisage pour déboucher à la croix de l'Estrade, petite croix en granite. Prendre la route à gauche sur quelques mètres avant de remonter sur la droite. Couper la

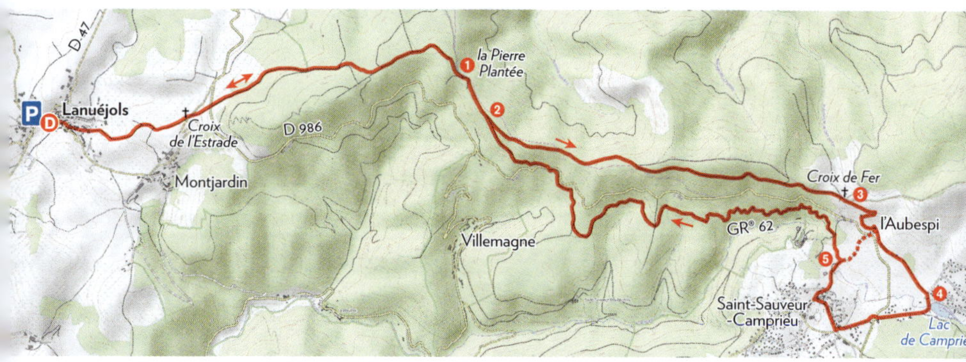

Lac de Camprieu.

D986 et poursuivre sur le chemin forestier. Toujours rester sur le chemin principal pour vagabonder dans la forêt où hêtres et chênes rivalisent d'élégance. Déboucher à la Pierre Plantée 1 au croisement de plusieurs chemins.
Prendre à droite vers Camprieu. Après 500 mètres, à la division de chemin 2, rester sur la gauche. Vous êtes sur l'ancien chemin du Vigan à Meyrueis. Passer au-dessus du Serre de Saint-Sauveur tout en profitant des nombreux points de vue. La piste redescend jusqu'au croisement de la Croix de Fer 3 près des ruines voûtées d'une ancienne habitation. Profiter du large panorama sur la vallée du Béthuzon et du causse Méjean avant de vous laisser descendre par une bonne piste vers Camprieu. Traverser le hameau de l'Aubespi. À la sortie de celui-ci, rester dans l'axe pour rejoindre le lac de Camprieu 4. Passer à droite de celui-ci et poursuivre à droite pour couper la D986. Devant le stade, remonter à droite vers le village et juste après l'église s'élever sur la droite. Sur le replat descendre face à vous pour passer à la perte du Bonheur et s'orienter vers la Pierre Plantée en suivant le balisage rouge et blanc.
À la patte-d'oie 5, rester sur la gauche pour passer près de l'abîme de Bramabiau. Ignorer à gauche le chemin d'accès à l'Abîme sauf si vous voulez le visiter, pour suivre le chemin parallèle à la D986 pour traverser la forêt. Au croisement de GR®, poursuivre sur le chemin à droite avant de prolonger par le chemin forestier de Saint-Sauveur de Pourcils. Couper la D986 pour, face à la borne kilométrique, s'orienter vers la cime des Commandeurs. Retrouver en 2, le chemin pris à l'aller pour revenir à la Pierre Plantée et Lanuéjols.

Variante

Version (un peu) moins longue
Il est possible de raccourcir la randonnée en ne passant pas par Camprieu et son lac (mais c'est dommage !). À l'Aubespi, suivre à droite le GR®66A pour retrouver rapidement l'itinéraire au point 5.

LE MAUSOLÉE DE LANUÉJOLS

Ce mausolée, étonnantes ruines romaines, daterait de la fin du IIIe siècle, début du IVe siècle. Il est également dénommé mausolée des Pomponia du nom de la riche famille à la tête d'un très grand domaine agricole de la région. Sur le linteau taillé d'un seul bloc, surmonté d'un arc de décharge en plein cintre, finement décoré de pampres de vignes et de grappes de raisins, est gravé entre des figurines ailées l'inscription « En l'honneur et à la mémoire de leurs pieux fils Lucius Pomponius Bassulus et Lucius Pomponius Balbinius, Lucius Julius Bassianus, leur père, et Pomponia Régula, leur mère, ont édifié ce monument des fondations jusqu'au faîte et le leur ont dédié, ainsi que les édifices voisins. » Il faisait en effet partie d'une importante nécropole et témoigne de la romanisation du secteur. Ce mausolée reste l'un des plus beaux exemples du monde romain. La visite est libre.

Rando n°4

Le mont Aigoual

ITINÉRAIRE
16,5 km
5h00
560 m+

L'ascension du mont Aigoual, en boucle depuis Cabrillac, se fait par une succession de serres et de plos aux noms évocateurs assez pittoresques: le mountadou, le serre Ploumat, le plo du Four, le Portalet, la Font Froide, le plo de Couaille, le plo de la Marge, le plo de l'Homme Mort, la forêt de Malacrème…
Le relief du versant sud est plus chamboulé. L'Hérault y prend naissance, se transformant parfois en gros torrent de montagne. En contrebas, Valleraugue, situé sur son cours, doit souvent en affronter les crues tumultueuses. Ce village est le point de départ de la mythique randonnée des 4000 Marches qui grimpe 1 220 m de dénivelée sur les 8 premiers kilomètres jusqu'à la station météo de l'Aigoual avant de redescendre par Aire de Côte. Plus à l'ouest sur ce même versant, se situe la station de ski de Prat Peyrot où l'on pratique le ski alpin, le ski de fond, ainsi que les raquettes, le snowkite et le chien de traîneau.
Du fait de sa position géographique, le mont Aigoual a été choisi à la fin du XIXe siècle pour l'implantation d'un observatoire météorologique. Les courants océanique et méditerranéen se heurtent sur ce massif, générant des conditions climatiques qualifiées d'extrêmes: en moyenne un peu plus de 2 m de pluie par an, 240 jours de brouillard, importante amplitude des températures, vitesse record du vent enregistrée au sommet… Les cimes sont en général enneigées de mi-novembre à avril, et les névés peuvent persister sur la face nord jusqu'en juin.

Départ : Cabrillac.
Accès : à 18,4 km de Meyrueis. Prendre la D966 direction Florac. Au col de Perjuret, à droite par la D18 rejoindre Cabrillac.
Difficulté : à éviter par mauvais temps, neige, grand vent, brouillard ou menaces d'orages. Se munir de vêtements chauds.
Période : d'avril à novembre.

P'tit plus

- L'observatoire météorologique de l'Aigoual.

Itinéraire

À la sortie de Cabrillac, s'élever par le sentier. Un échalier permet de franchir la clôture. La montée, assez soutenue, se fait entre les genêts et quelques arbres. Ce tracé emprunte l'ancienne draille de transhumance. Petit à petit l'horizon se dégage, au nord le causse Méjean, vers le nord-est les massifs du Bougès et du Mont-Lozère. Après 1,5 km, on arrive sur une partie plus plate. La pente s'adoucit et le sentier se fait accueillant: pelouse encadrée de hêtres qui donnent à la rando une ambiance paisible. La piste descend et trouve une route ①.

Au départ de Cabrillac.

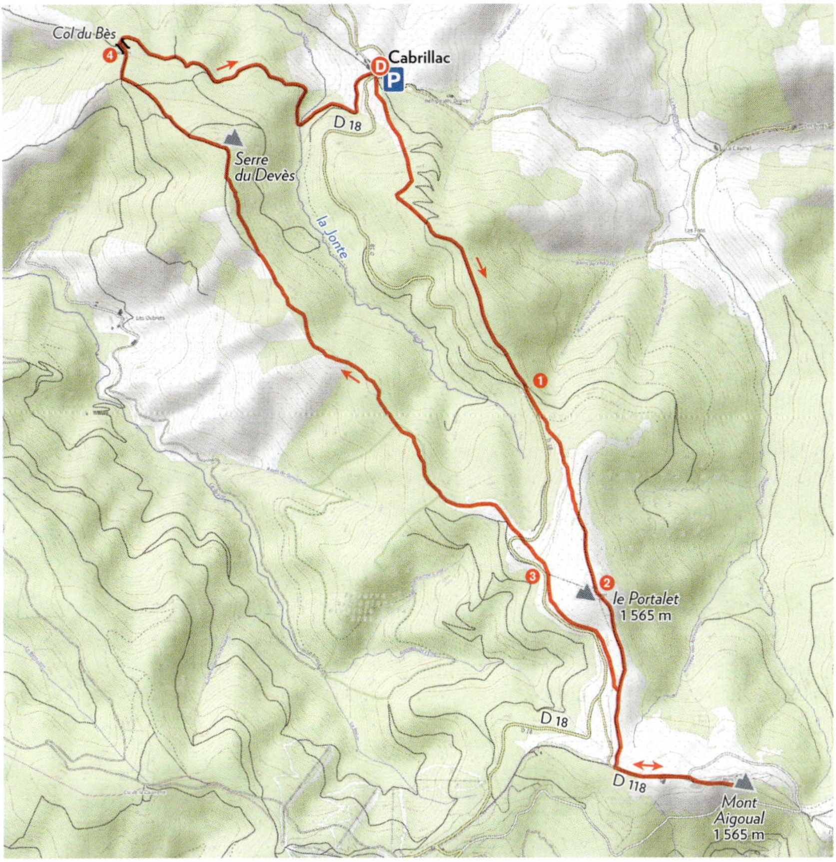

Partir par le sentier qui longe la route à gauche et grimpe ensuite, en oblique dans la pente de bruyères et pâturages. Après 1 km, obliquer à gauche dans la pente (traces) et gagner le Portalet 2. Il est le sommet lozérien de l'Aigoual, avec la même altitude que celle de son voisin gardois, porteur de l'observatoire (1 565 m). De là, suivre la piste bien marquée qui descend dans les pâturages ; après un petit col, on longe la bordure pentue d'une forêt de hêtres, en versant est. Au printemps, il est courant de voir les restes d'énormes congères entre les arbres. Atteindre la proximité des deux tours de télécommunication d'où l'on rejoint l'observatoire. Une plateforme offre un point de vue exceptionnel sur le paysage (visite conseillée du musée de la Météo).

Revenir sur ses pas par le même itinéraire sans monter au Portalet, et en suivant le sentier au bord de la route. Peu après 3, prendre à gauche, traverser la route et trouver une magnifique pelouse avec quelques bouquets de hêtres qui encadrent la piste. Suivre tout droit (balisage GR®). On pénètre au cœur d'une forêt aérée, la piste descend, passe un petit col, remonte. Par une succession de clairières, on atteint le lieu-dit le plo de l'Homme Mort (1 357 m). C'est ensuite un sommet, le serre du Devès (1 399 m) où le sentier part à gauche. La pente descend raide, négliger une première piste à droite, puis une seconde et atteindre le carrefour bien marqué du col du Bès 4. Partir à droite, direction Cabrillac. L'itinéraire est à peu près horizontal, longe une forêt par la gauche, descend à droite, traverse le ruisseau de la Jonte naissante, puis remonte vers le parking de Cabrillac (que l'on aperçoit en face).

TOPONYMIE

Aigoual ne viendrait pas d'aqua en latin, ou d'aiga en occitan (eau), mais de aig-wald en germanique, les noms germaniques étant à la mode sur le territoire de l'ancienne Gaule entre le VIe et le Xe siècle (*Noms de lieux du Languedoc*, Paul Fabre).

3 MEYRUEIS

Rando n°5

Jonte, les bijoux des gorges

ITINÉRAIRE
10,5 km
4h30 à 5h00
990 m+

La Jonte prend sa source à 1 440 m dans le massif de l'Aigoual. À partir de Meyrueis, coulant à proximité de la grotte de Dargilan d'un côté et de l'aven Armand de l'autre, elle sépare le causse Méjean du causse Noir par de magnifiques gorges, faisant office de frontière entre la Lozère et l'Aveyron. Elle est longue d'une quarantaine de kilomètres et se jette dans le Tarn au niveau du village du Rozier (395 m d'altitude), au pied des causses de Sauveterre, du Méjean et du Noir.
Particularité de cette rivière : en aval de Meyrueis, elle devient souterraine jusqu'à l'approche du hameau des Douzes où elle ressurgit pour retrouver son lit. Situées aux limites du Parc national des Cévennes et du Parc naturel régional des Grands Causses, les gorges de la Jonte sont sauvages et peu habitées. Elles sont jalonnées de curiosités telles le vase de Sèvres, le vase de Chine, les Terrasses, le balcon du Vertige, les Agudes, Capluc… que les nombreuses randonnées au départ du Rozier ou du Causse permettent de découvrir.
Au pied des falaises, Le Rozier et Peyreleau, qui se font face, ont l'air de se toiser tandis que les vautours qui colonisent les lieux planent paisiblement très haut dans le ciel ou rasent les têtes des randonneurs pour aller se percher sur une corniche. L'accès routier au Rozier par les gorges de la Jonte nous met l'eau à la bouche, belle demi-journée de randonnée en perspective !

Départ : Le Rozier,
Accès : à 20,8 km de Meyrueis. Par la D996, suivre les gorges de la Jonte jusqu'au Rozier. Parking derrière l'église.
Difficulté : un dénivelé cumulé finalement assez conséquent, sentier parfois accidenté, passages près du ravin. Prendre suffisamment d'eau. À ne pas entreprendre en cas de pluie ou brouillard.
Période : toute l'année.

Itinéraire

Prendre le sentier à l'entrée du long parking, direction Capluc. La montée est soutenue, passer près de lotissements et dans une épingle, trouver la petite route qui mène à Capluc. Au hameau, continuer sur le sentier devenu étroit (à gauche, le rocher équipé d'une plateforme, accessible par des échelles). Après deux épingles, le sentier continue dans la pente, bordé de murets. En face, on aperçoit les premiers rochers impressionnants. Ignorer un premier sentier à gauche (ermitage

Le vautour fauve à gauche et le vautour moine à droite.

Les gorges de la Jonte.

de Saint-Pons). Au carrefour suivant, s'engager à droite, la montée devient plus forte. Après de nombreux lacets, prendre à gauche 1 le sentier vers le col de Francbouteille. En quelques lacets, on atteint un petit col (stèle, point de vue). Passer le col et partir tout de suite à droite, en direction de Cassagnes. Le sentier étroit est accroché à la pente, couverte de végétation, il passe à la fontaine du Teil. Peu après, au carrefour, laisser à gauche le sentier de Martel et partir à droite. Le sentier s'élargit. Avant d'arriver au hameau de Cassagnes 2, il faut partir à droite (panneau en direction des gorges de la Jonte). Commencer à descendre, le sentier très fréquenté est très marqué. À partir de là commence la partie en falaise. Les passages aériens se succèdent et les paysages sont somptueux. Les vautours survolent souvent les lieux. Les passages et rochers surplombants sont équipés de balustrades, bien rester sur le chemin. Dans une faille, le sentier nécessite l'aide des mains. Après plusieurs circonvolutions, le sentier, dominant, rejoint le sentier de montée 1 qui ramène au départ.

LES VAUTOURS

La réintroduction des vautours, qui avaient disparu des Grands Causses, a été entreprise à la fin des années 60. Aujourd'hui les quatre espèces européennes sont à nouveau présentes. Le vautour fauve, le plus nombreux et le plus connu, vit en colonie et se reconnaît aisément à sa collerette blanche et son long cou dégarni. Le vautour moine, le plus grand rapace d'Europe, est le seul à nicher dans les arbres, son plumage est brun sombre. Le vautour percnoptère, le seul qui soit migrateur, présent d'avril à septembre pour se reproduire, est le plus petit, il est blanc et noir. Le gypaète barbu, silhouette fine et longue queue, est en cours de réintroduction. Équarrisseurs naturels, ils se partagent les tâches pour nettoyer la nature des animaux morts : le fauve consomme les chairs molles, le moine les parties plus coriaces, le percnoptère grappille les menus reliefs et le gypaète se charge des os. La LPO Grands Causses coordonne l'étude et la conservation de ces populations avec le concours du Parc national des Cévennes et du Parc naturel régional des Grands Causses. La Maison des Vautours, située entre Le Truel et Le Rozier, propose une intéressante exposition. Les randonnées sur les Causses, en particulier en bordure des corniches, permettent l'observation de ces grands rapaces en liberté.
Source, Raphaël NEOUZE, responsable LPO Grands-Causses

4

GARD • VILLEFORT • GÉNOLHAC

SUR L'ANCIENNE VOIE RÉGORDANE

Si le territoire entre Génolhac et Villefort connaît une certaine notoriété, il le doit tout autant à Robert-Louis Stevenson qui l'a parcouru avec son âne, qu'aux pèlerins empruntant la voie menant du Puy-en-Velay à Saint-Jacques de Compostelle, connue également sous le vocable de « Via Podiensis ». Durant des siècles, ce qui depuis le Moyen Âge se nomme le chemin de Régordane fut la voie essentielle permettant de relier l'île-de-France au Bas Languedoc, alors frontière orientale du royaume de France. Parfois appelé « Chemin de Saint-Gilles », c'est aujourd'hui le parcours du GR®700, tracé parmi les plus fréquentés des différents chemins de Saint-Jacques-de-Compostelle. Très prisée des randonneurs, cette partie des Hautes Cévennes offre des paysages époustouflants, d'une beauté sauvage devenue rare en métropole. Depuis Villefort, à la lisière du Gard et de la Lozère, de nombreux itinéraires s'offrent aux randonneurs au milieu des châtaigniers, des chênes, des pins et des hêtres débouchant sur des somptueux panoramas à l'instar de celui du pic Cassini.

Ci-dessus : point de vue sur Villefort (rando n°1). Page de droite: un chêne majestueux (rando n°6).

PRATIQUE

Quand venir

■ Praticable toute l'année, même si l'hiver la neige peut perturber les itinéraires.

Y aller

■ **En voiture :** depuis Montpellier, prendre l'A9 jusqu'à Nîmes sortie 25, suivre la N106 direction Alès. De là prendre la D906 vers Chamborigaud et Génolhac. Poursuivre jusqu'à Villefort avec la D901. Depuis Clermont-Ferrand, descendre l'autoroute A75 jusqu'à la sortie 34 à Saint-Chély-d'Apcher pour la D806 direction Rimeize. Suivre la D806 puis la D6 jusqu'à Prévenchères. Puis la D906 jusqu'à Villefort.

■ **En transports en commun :** depuis Montpellier, il faut prendre le train jusqu'à Nîmes et de là emprunter l'ancienne ligne du « Train des Cévennes » (régulièrement menacée de disparition) qui relie Nîmes à Clermont-Ferrand en TER par Alès, Chamborigaud, Génolhac. Depuis Clermont-Ferrand, aucun transport en commun en temps raisonnable, à part les cars Flixbus jusqu'à Nîmes, pour remonter ensuite en TER jusqu'à Génolhac.

Sur place

■ Un autocar SNCF permet de relier Génolhac à Villefort.

Se loger

■ **Camping le Pont du Mas à Génolhac :** ce camping familial à hébergements insolites, propose différents types d'hébergements qui respectent et se fondent dans la nature : tente isolée, sphère dôme, tipi, etc. Mais aussi des emplacements de tentes pour randonneurs, de mars à fin septembre. lepontdumas-camping.fr, 06 33 76 64 36

■ **Chalet panoramique à Génolhac :** ce gîte très confortable avec piscine et vue panoramique référencé par le site gites.fr, propose 6 chambres, permettant de loger 14 personnes. 06 66 35 83 49.

■ **Camping Le Lac de Villefort**** à Pourcharesse :** mobile-homes et emplacements, d'avril à novembre. camping-lac-cevennes.com, 04 66 46 81 27.

■ **À La Garde-Guérin** en Lozère, **l'Auberge La Régordane** propose dans une ancienne maison seigneuriale du XVIe siècle, des chambres de charme et un restaurant propose le meilleur de la cuisine cévenole. 04 66 46 82 48.

■ **Le Mas de la Barque au Vialas**, propose des studios et gîtes dans un superbe ensemble architectural transformé en village vacances. Actuellement en travaux, la réouverture est prévue pour l'été 2025. 04 66 46 92 72

4 GARD • VILLEFORT • GÉNOLHAC

Porte d'entrée typique des maisons cévenoles. © Alain Godon

Envie d'autres expériences ?

■ Le lac de Villefort est un lac de 135 hectares, situé non loin de Génolhac mais dans les Cévennes lozériennes, à une altitude de 610 mètres. On peut y **pêcher**, surtout en barque, de nombreuses espèces de poissons, dont le saumon. Carte de pêche obligatoire. 06 71 23 87 02.

■ Au départ de Villefort, le **circuit VTT** n°36 qui emprunte en partie la célèbre voie millénaire de commerce et d'échanges qui relie le Velay à la Camargue, offre un tracé sportif sur près de 20 km.

■ À partir de sa base près du lac de Villefort, Grandeur Nature 48 propose de **grimper aux arbres** depuis une nacelle hissée par des cordes afin d'atteindre la canopée des pins. Ouvert d'avril à octobre. 04 66 46 87 26.

À VOIR / À FAIRE

■ Bâti sur l'éperon d'un promontoire rocheux surplombant la route qui traverse l'Ardèche et relie Saint-Ambroix à Villefort, le château du Cheylard à Aujac, est le point culminant de la Haute Vallée de la Cèze à 600 mètres d'altitude. Ce superbe castrum se visite de Pâques à Toussaint. 06 86 66 20 66.

■ Rien de mieux qu'une petite bière après une rando. À Chamborigaud, on peut se la fabriquer soi-même à l'Atelier de Fermentation ! Cet atelier crée par Edward Orton propose en effet ses bières artisanales bios, et des stages de brassage. 06 84 29 72 52

La croix du chemin de Berdanele (rando n°6).

COUP DE CŒUR

■ Le panorama sur les Cévennes depuis le Rocher Communal lors de la boucle de Concoules au Mas de la Barque. Après avoir traversé de superbes forêts de châtaigniers et de mélèzes, on bénéficie d'un superbe panorama sur les Cévennes.

ASTUCE RANDO

Selon la saison, prévoir un sac plastique pour ramasser quelques cèpes. Attention : pas plus de 5 litres (soit environ 3,5 kg) par personne !

ENVIE D'AUTRES BALADES ?

- Le col du pré de la Dame en boucle depuis Villefort, est un classique permettant de bénéficier d'une vue sublime sur les Cévennes. Attention, randonnée nécessitant beaucoup d'expérience avec une montée de 15 km et plus de 1 000 m de dénivelé.
- Balade en boucle facile à Chamborigaud pour aller admirer le magnifique viaduc du Luech avant de progresser dans les forêts cévenoles et revenir à Chamborigaud. Attention, le petit pont enjambant le Luech près du viaduc, s'est effondré en mars 2024 et sa reconstruction ne sera pas achevée avant l'automne 2025.

En haut : **lac de Villefort (rando n°2).**
Ci-dessus : **ruines d'une bergerie (rando n°1).**

4 GARD • VILLEFORT • GÉNOLHAC

Rando n°1

Le village du Pouget

ITINÉRAIRE
14 km
3h45
630 m+

Le Pouget, autrefois fief de grandes familles, était un village très prospère. À la suite de l'exode de l'après-guerre, il devint peu à peu un village fantôme. Au fil des ans les toits s'écroulèrent et ce ne fut qu'un vaste champ de ruines. En 1960 un groupe d'étudiants bruxellois guidé par d'éminents professeurs se lancèrent à la reconstruction et la restauration de ce village abandonné pour y créer un village européen. Depuis le village restauré vous découvrirez de magnifiques collines boisées ainsi que le lac de Villefort.

Départ : gare de Villefort.
Difficulté : aucune, mais prudence en période de chasse.
Période : toute l'année.

Itinéraire

Depuis la gare, s'élancer sur le GR®68 et descendre pour traverser le lotissement et passer au mas de l'Affenadou. Suivre le chemin balisé jusqu'au col du Montat ❶. Du col, s'engager à gauche. À la jonction de route ❷, aller à droite vers le hameau du Pouget. Avant de descendre le bon chemin sur la gauche, faire un AR jusqu'au Pouget pour en découvrir ses richesses. Revenu, descendre à droite, passer au-dessus de deux ruisseaux avant

LE LAC DE VILLEFORT

Ce vaste plan d'eau de 127 ha est dû à une retenue artificielle du barrage de Villefort. Sa construction a commencé en 1956 et la mise en eau a eu lieu en 1964, immergeant la vallée de Bayard et obligeant une vingtaine de familles à quitter leurs maisons. Cette retenue d'eau sert prioritairement à la production d'électricité. Lorsque le niveau du lac est bas, vous aurez peut-être la chance d'apercevoir quelques vestiges d'un pont du XIXe siècle engloutis sous les eaux, qui n'a pas été détruit lors de la mise en eau. Le lac abrite la truite fario et arc-en-ciel, le vairon et le chevesne. De nombreuses activités sont praticables pour découvrir le lac : randonnées, pêche, plage surveillée, canoë, planche à voile, pédalos.

de s'élever jusqu'au hameau de la Baraque. Emprunter la route qui, tout en descendant, rejoint un pont ❸. Après le pont, bifurquer à droite sur un agréable chemin. Au poteau directionnel de Clo du Plo ❹, retrouver le GR®68 que vous suivez. Comme le balisage vous y incite à l'intersection suivante, obliquer à droite en direction de Villefort. Parvenu au poteau des Hauts de Sédaries ❺, s'élever sur la gauche et déboucher à la gare de Villefort.

Le chemin du Pouget.

Rando n°2

Le tour du lac de Villefort

Faire le tour du lac, c'est marcher sous le regard de la chapelle Saint-Loup perchée sur son éperon rocheux, accompagné par le fantôme du village de Bayard englouti sous les eaux de l'Altier lors de la construction du barrage pour l'aménagement du bassin du Chassezac.

Départ : Villefort, route de Mende, parking à gauche juste après le pont. Ou partir du camping si vous y séjournez.

Difficulté : balade familiale, petite grimpette jusqu'à la chapelle.
Période : toute l'année.

Itinéraire

S'engager à gauche du pont sur l'Altier pour suivre le petit sentier tout en creux et en bosses qui contourne le lac. De petits ponts en bois permettent de franchir quelques ruisseaux ou passages accidentés. Après un agréable cheminement sous les châtaigniers, emprunter un pont plus moderne, s'engager sur un sentier plus chaotique et parvenir à la patte-d'oie

L'aqueduc de Villefort.

4 GARD • VILLEFORT • GÉNOLHAC

LA CHAPELLE SAINT-LOUP

Perchée au-dessus du rocher de la Chandelette, cette chapelle romane fut édifiée en l'honneur d'un ermite désireux de suivre l'exemple de saint Loup. Elle fut démolie au XVIe siècle puis de nouveau reconstruite au XVIIe siècle. Après l'épidémie de peste de 1720 on lui associa le nom de Saint-Roch. Longtemps deux pèlerinages y avaient lieu : le 29 juillet pour la Saint-Loup et le 16 août pour la Saint-Roch.

du Promontoire du lac 1. Faire un AR à droite jusqu'à celui-ci avant de descendre face à vous vers le lac de Villefort. À la jonction de route 2, descendre à droite puis juste après le pont 3 en faire de même pour longer à nouveau le lac. Juste avant de retrouver la route, descendre à droite et s'orienter vers le port. Passer sous le camping, longer la petite plage et déboucher sur la route départementale 4. Prendre à droite pour franchir l'Altier et suivre le lac. Au poteau de la chapelle 5, couper la route pour grimper jusqu'à celle-ci d'où un panorama majestueux sur le lac et le village de Villefort va s'offrir à vous. Revenu au poteau, prendre à gauche vers Pourcharesse. Descendre à droite de la D906 et suivre le bon chemin sous la route. Observer à droite la station d'élevage de truites. Remonter sur la route, traverser le parking, franchir le pont pour retrouver le point départ.

ITINÉRAIRE
8,1 km
2h30
280 m+

Le lac de Villefort.

Rando n°3

Le ruisseau de Bayard

ITINÉRAIRE
9,5 km
3h00
250 m+

Cette boucle forestière comblera à la fois le regard tant les points de vue sont multiples, l'odorat par le parfum qui émane des sous-bois et l'ouïe si vous savez écouter le silence. À la saison, la cueillette des framboises ou myrtilles complétera cette balade.

Le charme des sous-bois.

Départ : Mas de la Barque, panneau des randonnées.
Accès : à 15,8 km de Villefort. Par la D66, rejoindre le Mas de la Barque. Stationner parking de la station.
Difficulté : rude montée après les Brouzèdes.
Période : d'avril à novembre.

P'tit plus

- Dégustation d'aligot ou de tartes à l'auberge de la station, 04 66 46 97 22.

Itinéraire

Dos au panneau des randonnées, s'orienter sur la droite vers Villefort. Passer derrière le bâtiment de l'office de tourisme, couper l'aire de jeux et, guidé par le balisage, déboucher au jalon des Écuries du Mas. Rejoindre la patte-d'oie des Rochers de la Barque ❶ et prolonger dans une végétation généreuse et odorante jusqu'aux Faux des Armes. À ce jalon, se laisser descendre en gardant le ruisseau à main gauche jusqu'au croisement de la Chassalde ❷. Prendre à gauche vers les Brouzèdes. Vous êtes sur le parcours du tour du Mont-Lozère. À la patte-d'oie du mas d'Olibou, rester sur la gauche pour rejoindre les Brouzèdes ❸. Profiter du panorama avant de grimper à gauche par un petit sentier qui débouche au poteau de Bouos d'Hommes. À cette patte-d'oie ❹, bien rester sur la gauche vers la Roche Fendue. La piste monte et descend tout en se faufilant au milieu de la forêt. Au jalon de la Roche fendue ❺, bifurquer à gauche pour passer Sous la roche Fendue, à Gardione et revenir aux Rochers de la Barque. S'orienter sur la droite pour revenir au point départ.

4 GARD • VILLEFORT • GÉNOLHAC

Rando n°4

Pic Cassini

ITINÉRAIRE
10,6 km
3h15
280 m+

Le pic Cassini (1 680 m), au-dessus du Mas de la Barque, est l'un des principaux sommets du mont Lozère. À l'origine il s'appelait Malpertus, le mont perdu ou mauvais passage en patois. Le célèbre géographe Cassini sous Louis XV en fit un point géodésique pour réaliser la première carte précise de la région, d'où son appellation actuelle. De ce belvédère, on peut contempler l'immensité du flanc sud du mont Lozère composée de grandes zones de pâturages, de prairies et de forêts. À l'est, la plaine du Rhône, les Alpes et la Provence. Au sud, la plaine du Languedoc et la Méditerranée, les vallées cévenoles et le massif de l'Aigoual, puis le Causse Méjean et les gorges du Tarn. À l'ouest, la ligne de crête du mont Lozère jusqu'au pic de Finiels. Au nord, le plateau sommital de landes et de roches avec au loin les hautes terres de Lozère et d'Ardèche.

Départ : Mas de la Barque, panneau des randonnées.
Accès : idem rando précédente.
Difficulté : aucune. La montée régulière jusqu'au sommet est bien balisée (jaune), bien suivre les cairns dans la descente du pic.
Période : d'avril à novembre.

Itinéraire

Du Mas de la Barque, partir au nord sur la piste en direction du pic Cassani. On entre rapidement dans la forêt. Au carrefour en T ①, prendre à droite puis dans le virage poursuivre à gauche. Atteindre le col de l'Aigle ②.
Après le col suivre la sente direction «piste de Cassini». Peu après, à la sortie du bois, en suivant les cairns, gagner le pic Cassini. Vous pouvez rentrer au Mas de la Barque par le même itinéraire (AR 8 km • 2 h 15 • 260 m+), sinon poursuivre sur le chemin, et au petit cairn bifurquer à gauche. Arrivé dans un vallon ③, suivre le sentier à gauche. Longer un ruisseau. (Bien suivre les cairns.) Bifurquer à gauche ④ et poursuivre à flanc de coteau. Nouvelle bifurcation (cairn) ⑤, prendre à nouveau à gauche. Plus loin le sentier se transforme en une piste. La suivre jusqu'au carrefour ① où l'on retrouve l'itinéraire emprunté à l'aller.

Le panneau des sentiers au Mas de la Barque.

Le pic Cassini

Le Mas de la Barque.

4 GARD • VILLEFORT • GÉNOLHAC

ITINÉRAIRE
10 km
3h15
480 m+

Rando n°5

Le col de Montclar

Cette balade sportive au-dessus de Génolhac suit les deux versants de la vallée de l'Homol. Elle vous offrira de nombreux points de vue qui vous récompenseront de l'effort consenti.

Départ : Génolhac, parking des Ayres.
Accès : Génolhac à 15 km de Villefort. Par la D51 puis la D906 rejoindre Génolhac. Parkings dans Génolhac.
Difficulté : dénivelé concentré dans la première partie.
Période : de mars à novembre.

P'tit plus

- À Génolhac : patrimoine sur la voie Regordane.
- L'église de Génolhac et son clocher à peigne.

Itinéraire

Devant le panneau des randonnées de la place des Ayres, suivre sur la gauche, la direction du Mas de la Barque. Couper la D906 et poursuivre sur 500 mètres avant de tourner à droite 1 puis à gauche. Cet ancien chemin caladé grimpe entre les châtaigniers et les chênes, coupe plusieurs fois la D362 et débouche au jalon de Soubre Montclar. Laisser filer à droite le GR® et se diriger sur le sentier à gauche en direction du col de Montclar. Passer près des ruines de la ferme de Montclar 2. Bien que réduit à une petite grange ce lieu fût autrefois un hameau où vivaient

Le pont de Génolhac.

Sur la voie Regordane.

plusieurs familles. Emprunter le pont de l'Homol avant d'atteindre le col. De cet endroit, la vue se fait aérienne et le spectacle à vos pieds sublime, alors que votre regard embrasse un panorama grandiose sur les Alpes et plus proche de vous du rocher de Trenze, grande barre de granite facilement repérable surtout si le temps est de la partie. Descendre sur la gauche du col pour contourner le piton du Chastelas, passer au jalon de Sous le col 3 puis à celui de Puech de Puécharus. Se laisser descendre longuement, fidèle aux rectangles jaunes, jusqu'au col de la Coste par une piste forestière. Là encore les points de vue se succèdent pour votre plus grand plaisir alors qu'un bouquet de parfums assiège la narine. À la Coste, prolonger vers Génolhac, couper la D906 5 pour revenir à votre point départ.

LES CLOCHERS À PEIGNE

Dans cette région, vous remarquerez le style particulier des clochers ayant un pan de mur droit surmonté d'arcades dans lesquelles les cloches sont installées, ce sont les clochers à peigne. On les retrouve le plus souvent sur des édifices de taille modeste comme à Génolhac ou Concoules.

4 GARD • VILLEFORT • GÉNOLHAC

Rando n°6

Le rocher Communal

Situé à 630 m d'altitude, au pied du mont Lozère, au croisement du Gard, de l'Ardèche et de la Lozère, Concoules est un magnifique petit village dominé par de splendides chaos granitiques qui ont probablement inspiré *La chèvre de Monsieur Seguin* à Alphonse Daudet; sa famille étant originaire de Concoules, cet auteur mythique de sud de la France y a séjourné régulièrement. L'église romane du XIe siècle, avec son impressionnant clocher à peigne, témoigne toujours de son passé. Concoules, ancien prieuré dépendant de l'abbaye de la Chaise Dieu voyait passer chaque année les caravanes muletières qui montaient à la Chaise Dieu, le long du chemin de Régordane, les produits des autres prieurés du Midi: vin, oignons, olives, sel.
«À flanc du Lozère, c'est à monter qu'on pense» disait Chabrol. Alors vous ne serez pas déçu par cette randonnée car des montées il y en a depuis les ruelles de la cité jusqu'au rocher Communal sur les pistes forestières ayant favorisé le reboisement de ce massif jadis dénudé. En effet, les siècles de coupes de bois et les pâturages intensifs avaient réduit le massif forestier, favorisant ainsi une rapide érosion sur les sols peu profonds. Au début du XIXe siècle, l'absence de couverture végétale provoqua des inondations catastrophiques.
Sur ce versant de la forêt domaniale de Malmontet, à la suite du reboisement, se rencontrent le chêne rouvre et le châtaignier dans les endroits les mieux exposés, puis, à l'étage supérieur, des résineux, comme le pin sylvestre ou pin laricio venu de Corse, tandis que dans les parties sommitales se développent les sapins et les hêtres.

Départ : église de Concoules.
Accès : 9,6 km de Villefort. Par la D51 puis la D906 gagner Concoules. Parking derrière l'église.
Difficulté : quelques montées soutenues
Période : de mars à novembre.

Circuit principal

Depuis la splendide église, traverser le village en suivant l'ancien chemin de Régordane. Les façades des maisons témoignent de l'ancienneté de cette route. Passer aux poteaux directionnels du cimetière et du lavoir. À ce jalon, après avoir observé la croix de Riboulet, s'orienter sur la gauche par la route des captages qui prend doucement de l'altitude dans la châtaigneraie, pour rejoindre le rocher des Fées ①. À cette patte-d'oie, s'élever sur la droite vers le poteau de la Lozère. Le chemin grimpe tout en traversant la forêt du bois de Longuefeuille. Tout en marchant, observer quelques arbres remarquables. Dans les parties plus dégagées, profiter

Ruelle dans Concoules.

ITINÉRAIRE PRINCIPAL
16,3 km
5h00
740 m+

VERSION COURTE
12 km
3h45
620 m+

des points de vue sur le village de Ponteils, la vallée de la Cèze et le hameau de la Garde Guérin. Après une descente rapide, déboucher au jalon du Lozère 2. Bifurquer à gauche vers Longuefeuille que vous atteigniez après être passé devant une jolie cascade. Emprunter sur la gauche 3 le GR®68 pour passer devant le rocher Communal, prolonger vers Les Besses 4 et la Rouvière d'Aiguebelle. 5 Laisser filer le GR® vers Génolhac pour prendre à gauche la direction de Bernadele et son balisage jaune. Là encore une sévère montée vous oblige à pousser fort sur les mollets. Parvenu à la fourche de Bernadele 6, rester à droite pour revenir à Concoules en restant bien fidèle aux rectangles jaunes.

Version courte

Du jalon 4, vous pouvez prendre à gauche un raccourci vers Concoules en passant par le rocher des Fées 1.

L'ÉGLISE DE CONCOULES

Construite au XIIe siècle en blocs de granit taillés et couverte en lauze, l'église se compose d'une nef, de deux travées et d'un chœur avec abside oblongue. Deux chapelles latérales construites au nord et au sud s'ouvrent sur la deuxième travée et donnent à l'église une forme de croix grecque. La première travée est restée intérieurement à peu près dans son état primitif du XIIe siècle.
Elle est limitée à l'ouest par le pignon portant clocher-peigne et, à l'est, par deux piles demi-rondes soutenant un doubleau. Cette travée est voûtée en berceau légèrement brisé. Une tribune datant du XVIIe siècle occupe la première travée. Chœur et abside sont voûtés sur croisées d'ogive de construction moderne. Le mur pignon ouest ne montait initialement qu'au niveau de la toiture de la nef. Il a été repris au XIIIe siècle. Le pignon a été surélevé et surmonté d'un clocher à quatre arcatures ou clocher peignes. Les colonnes intérieures de la première travée portent des chapiteaux romans ornés de feuilles d'acanthes.

5

SAINT-JEAN-DU-GARD

LA MÉMOIRE DU PAYS CAMISARD

Saint-Jean-du-Gard fut la dernière étape du romancier Robert Louis Stevenson, qui termina ici, en 1878, le périple de son célèbre *Voyage en Cévennes avec un âne*. Elle en tire aujourd'hui la fierté d'être un important point de départ pour les amateurs de randonnée avec un équidé. La petite commune cévenole s'est développée au cours des siècles grâce à sa position stratégique, à l'entrée de la Corniche des Cévennes, ancienne voie de communication qui reliait la région au Gévaudan et non loin de la Vallée Borgne. Au moment de la révolution industrielle, le très fort développement de la culture du mûrier, de l'élevage du ver à soie et des activités soyeuses amena travail et richesse dans la région, au point qu'en 1856 la commune comptait 23 ateliers travaillant la soie. Le dernier fermera au milieu du XXe siècle. Un musée retrace aujourd'hui cette formidable aventure de l'industrie textile. En limite du Parc national des Cévennes, Saint-Jean-du-Gard est un spot incontournable pour tout randonneur amateur de grands espaces, point de départ de 150 km de sentiers au travers de ces Cévennes magiques à la fois accueillantes avec ces ruisseaux et ces spots de baignades dont on garde le secret et mystérieuses avec ces denses forêts où semble encore flotter l'âme des camisards réfugiés dans ses profondeurs durant les guerres de Religion.

Ci-dessus :
Saint-Jean-du-Gard.
© Alain Godon
Page de droite :
Pied de Côte (rando n°1).

PRATIQUE

Quand venir

■ Toute l'année.

Y aller

■ **En voiture :** depuis Montpellier, prendre au nord de la ville la D986 en direction de la Route de Ganges, puis la D68 et la D17 en direction de Quissac. Emprunter ensuite la D35 jusqu'à Anduze et enfin la D907.

■ Depuis Clermont-Ferrand, descendre l'autoroute A75 jusqu'à la sortie 39.1 Nîmes/Mende/Chanac. Suivre la N88 puis la D31 jusqu'à Ispagnac. Enchaîner avec la N106, puis la D9 et la D260.

■ **En transports en commun :** depuis Montpellier, prendre le train à la gare Saint-Roch jusqu'à Nîmes. Puis à la gare routière, emprunter la ligne de bus 112 jusqu'à Saint-Jean-du-Gard, en passant par Anduze.

Sur place

■ Les lignes de bus des NTECC permettent de rejoindre Alès ou Thoiras. Les lignes régionales liO 109 et 112 vont jusqu'à Nîmes.

Se loger

■ **Hôtel l'Oronge :** à Saint-Jean-du-Gard, un hôtel de 17 chambres installé dans un ancien relais de diligence du XVIIIe siècle. Où a dormi Robert-Louis Stevenson ! 04 66 86 05 52.

■ **La Corniche des Cévennes :** en pleine verdure, cet hôtel possède 12 chambres permettant de loger de 1 à 5 personnes à Saint-Jean-du-Gard. 04 66 85 06 99.

■ **Bivouac Nature** est un camping de Saint-Jean-du-Gard proposant des tentes lodge sur pilotis pour 4 à 5 personnes. 04 66 85 36 90.

5 SAINT-JEAN-DU-GARD

La tour de l'Horloge à Saint-Jean. © Alain Godon

À VOIR / À FAIRE

■ La Maison Rouge, dans une ancienne filature de soie de Saint-Jean-du-Gard, est un superbe musée d'arts et traditions populaires ouvert en 2017 et consacré aux vallées cévenoles et aux modes de vie des habitants de ces régions si particulières. L'établissement organise régulièrement des expositions tout aussi passionnantes que sa muséographie. 04 66 85 10 48.

■ Située à Mialet, la grotte de Trabuc a servi de refuge aux camisards durant les guerres de Religion, mais elle est aussi connue pour ses milliers de petites concrétions semblables à des stalagmites et baptisées « les 100 000 soldats ». De nombreux évènements y sont organisés. 04 66 85 03 28.

■ Accessible avec le train à vapeur des Cévennes depuis la gare de Saint-Jean-du-Gard, la bambouseraie de Générargues est un jardin botanique hors normes abritant plus d'un millier de variétés de bambous. Ouvert de mars à novembre. 04 66 61 70 47.

La borne royale (rando n°1).

Envie d'autres expériences ?

■ En été, il est possible de **se baigner** dans l'un des nombreux cours d'eau des Cévennes. Parmi les incontournables : la superbe cascade du Martinet dans la vallée du Gardon de Mialet.

■ Le **Vélorail des Cévennes** permet, à Thoiras, de pédaler durant 1 h 30 à 2 h 30 sur une ancienne voie ferrée entre Thoiras et Générargues. Ouvert tous les jours en été et les week-ends hors saison. 07 66 87 00 66

COUP DE CŒUR

■ Depuis Mialet, la randonnée vers le Mas Soubeyran est l'occasion de marcher sur les pas des camisards, héros emblématiques de la lutte des protestants face au pouvoir royal, pour exercer leur culte. Au Mas Soubeyran, le musée du Désert, dans l'ancienne maison d'un chef camisard, permet de mieux comprendre comment la résistance des Huguenots a forgé l'esprit cévenol.

ENVIE D'AUTRES BALADES ?

■ À Saint-Jean-du-Gard, la boucle facile depuis la gare permet de rejoindre le pic d'Arbousse en traversant des châtaigneraies et des pinèdes. Superbe panorama sur la vallée du Gardon de Saint-Jean, jusqu'au mont Aigoual et au mont Lozère.

■ Depuis Saint-Jean-du-Gard, le parcours jusqu'à Campsoureille est une boucle de 17 km assez difficile. L'itinéraire longe la rivière avant de monter sur les hauteurs d'où l'on peut profiter d'une belle vue panoramique sur les vallées du Gardon de Saint-Jean et du gardon de Mialet.

ASTUCE RANDO

En été, pensez à vous équiper de chaussons d'eau dans votre sac à dos, afin de pouvoir vous baigner de façon confortable et sécurisée dans les nombreux gardons !

En haut : **le pont des Aigladines (rando n°4).**
Ci-dessus : **le pont Vieux de Saint-Jean-du-Gard.**

Rando n°1

Le col Saint-Pierre

ITINÉRAIRE
8,5 km
3h00
450 m+

Cette balade qui s'élance depuis Pied de Côte se mérite et c'est à la force des mollets que vous atteindrez après une bonne grimpette le col Saint-Pierre situé entre Gard et Lozère, sur la corniche des Cévennes et le chemin de Stevenson. Pour vous récompenser une table de paysage et un large panorama vous combleront.

Départ : parking de Pied de Côte le long du Gardon.
Accès : de Saint-Jean-du-Gard, emprunter la D907 vers Florac sur 4 km pour trouver le point départ.
Difficulté : petit raidillon juste avant le col.
Période : de mars à novembre.

Itinéraire

Du jalon de Pied de Côte, s'orienter vers Rancassette. Suivre la route sur 150 m avant de s'élever à droite 1 pour traverser le hameau de Pied de Côte. Parvenu au jalon de Rancassette 2, rester à droite fidèle aux rectangles rouge et blanc. Le chemin effectue un virage en épingle puis se redresse sur la gauche pour déboucher à l'Affenadou. Laisser sur la droite le bâtiment pour passer devant la Clède et poursuivre votre balade sur l'ancienne draille dessinée au milieu d'une nature généreuse, guidé par le balisage. Par endroits il faut pousser fort sur les mollets pour atteindre la corniche des Cévennes (D 260) 3 que vous empruntez à gauche. Passer devant l'ancienne borne royale qui marque la limite entre la Lozère et le Gard et profiter des nombreux panneaux qui s'exposent dans l'abri. Avant de redescendre, faire un AR sur la droite pour profiter du panorama grandiose et de la table d'orientation depuis le signal Saint-Pierre. Revenu au jalon du col 4, s'orienter à droite vers Rancassette. Grimper sur les rochers avant de se laisser descendre par un sentier par endroits escarpé découpé entre les chênes verts et les genêts en fleur, guidé par les rectangles jaunes. Prolonger par une piste plus accueillante. Bien rester fidèle au chemin principal en ignorant les départs à gauche comme à droite pour déboucher aux ruines de la Rouvière. 5 Emprunter le chemin sur la gauche qui descend en lacets. Contourner le hameau de Prat tout en suivant le ruisseau de la Rancassette à main droite. Retrouver le jalon de Rancassette 2, traverser Pied de Côte pour revenir à la route et au point départ.

Une ancienne bergerie.

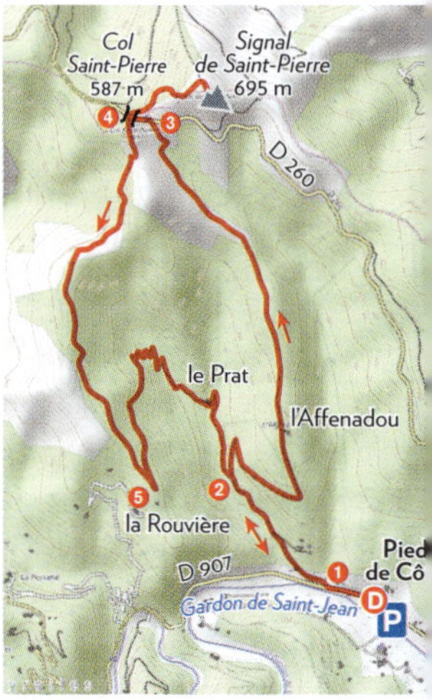

Rando n°2

Le col de l'Espeutiéra

Cette randonnée dessinée au-dessus de la vallée du Gardon ne manque pas de charme ni d'intérêt. Ce n'est qu'après être passé aux Fournels que se dévoilent le col de l'Espeutiéra et les ruines de la chapelle de la Madeleine. Alternant chemins ombragés et petites routes sans difficulté cette boucle enchantera toute la famille.

Le Gardon de Saint-Jean.

Départ : office de tourisme de Saint-Jean-du-Gard.
Difficulté : aucune.
Période : toute l'année.

Itinéraire

Du parking de l'office de tourisme, prendre à droite pour traverser Saint-Jean par la rue du Maréchal-de-Thoiras, admirer la fontaine de Stevenson, passer le pont tout en contemplant le pont Vieux et rejoindre la gare. Devant celle-ci, bifurquer à gauche en direction des Fournels. À la division de route ①, rester sur la gauche pour trottiner sur la petite route parallèle au Gardon tout en admirant dame nature qui vous réservera quelques bonnes surprises. Vous apercevrez sans doute le passage du petit train à vapeur des Cévennes surmonté de son panache de fumée derrière la prairie piquetée d'animaux. Couper la voie ferrée des Fournels avant de grimper sur la droite. Devant l'usine, ② s'engouffrer à gauche le long du muret et prolonger à gauche de l'habitation sur un bon chemin qui s'élève entre les chênes. Attention, alors que la pente s'adoucit, à la petite fourche ③ préférer la branche de droite qui se faufile entre les rochers. Bientôt la sortie s'incurve sur la droite pour remonter malicieusement dans la végétation. Faire confiance au chemin balisé jaune. Après la grimpette poursuivre face à vous sur une piste plus large. À la rencontre d'une autre piste ④, s'orienter à gauche et se laisser descendre sous les châtaigniers. À la route du col de l'Espeutiéra, bifurquer à droite, traverser quelques hameaux. Au niveau de l'Ayrolle, sur votre gauche, vous apercevez le mur arrondi de la chapelle romane de la Madeleine datant du XIVe siècle. Poursuivre sur la sente balisée qui s'élève sur la droite pour retrouver après la montée la route qui vous offre des fenêtres végétales sur Saint-Jean avant de revenir au croisement de la Plaine ①. Poursuivre vers la gare, puis prendre à droite pour retrouver le point de départ.

ITINÉRAIRE
7,8 km
2h30
180 m+

Rando n°3

Le bois de Rouville

ITINÉRAIRE
16,9 km
6h00
700 m+

Ce circuit en grande partie forestier autour de Saint-Jean-du-Gard est l'occasion de se plonger dans l'histoire de Saint-Jean-du-Gard.
C'est au XIIe siècle que l'histoire du village commence réellement. Des moines bénédictins, installés au pied de la corniche des Cévennes, bâtissent dans un premier temps, un prieuré et une église. Rapidement les premières maisons vont s'élever tout autour pour donner naissance à San Johannis de Gardonna, Saint-Jean-de-Gardonnenque. Les habitants du village vont tout d'abord travailler la terre cultivant seigle et froment, oliviers et châtaigniers, vignes et arbres fruitiers sur les bancelles qui peu à peu transformaient les collines. Progressivement, les pentes environnantes se couvrirent de châtaigniers. Cet arbre joua un rôle prépondérant dans l'économie cévenole. Il était le grand nourricier dont l'homme tirait la majeure partie de son alimentation. Le bois était utilisé dans la construction et la confection d'objets divers, les feuilles comme nourriture ou litière au bétail. La dépendance entre l'homme et le châtaignier est demeurée une profonde réalité jusqu'au tout début du XXe siècle. Saint-Jean-de-Gardonnenque deviendra Saint-Jean-du-Gard après la Révolution. Après cette période de troubles, Saint-Jean va progressivement connaître une période de prospérité grâce à la soie. La culture du mûrier transforme le paysage et de nombreuses magnaneries sont édifiées. Cette industrie de la soie fera de Saint-Jean une place commerciale privilégiée au point qu'une ligne de chemin de fer reliant Alès à Saint-Jean verra le jour. À cette époque, une femme sur deux travaillait la soie dans l'une des vingt-trois filatures de la ville. Malheureusement, la maladie du ver à soie et l'apparition des soies synthétiques ont contribué au déclin de cette activité qui verra la fermeture de sa dernière filature en 1965. Au cours de votre randonnée, vous découvrirez de nombreuses empreintes de cette époque révolue. Vous apercevrez sans doute quelques wagons colorés tirés par une machine à vapeur d'où s'échappent des volutes de fumées, c'est tout simplement le petit train touristique des Cévennes qui relie Anduze à Saint-Jean-du-Gard grâce à la volonté de passionnés du rail qui ont permis de sauver la ligne. Durant la saison touristique, environ 200 000 personnes profitent de ce petit train pour découvrir la région.

Mémorial Stevenson.

Départ : Saint-Jean-du-Gard, office de tourisme.
Difficulté : aucune, excepté la distance et le dénivelé.
Période : toute l'année.

Itinéraire

Du parking, descendre à gauche de l'office de tourisme pour traverser Saint-Jean-du-Gard en direction de la gare. Passer devant la fontaine Stevenson. Parti le 22 septembre 1878 du Puy-en-Velay, il arriva à Saint-Jean-du-Gard douze jours plus tard. La fontaine lui fut dédiée, avec la date de son arrivée à Saint-Jean du-Gard, le 2 octobre 1878. Juste avant le pont sur la gauche, contempler la tour de l'Horloge. Cet ancien clocher constitue tout ce qui subsiste de l'église romane construite par les Bénédictins de Saint-Gilles au XIIe siècle. Elle fut détruite pendant les guerres de Religion, en représailles au sac de la ville commis par les troupes royales en 1560. Passer au-dessus du Gardon, puis bifurquer à gauche devant la gare

L'ancienne gare de Massiès.

LA CÉVENOLE

Natif de Saint-Jean-du-Gard, le pasteur baptiste Ruben Saillens composa en 1885 un chant patriotique et religieux La Cévenole. Cette « Marseillaise des Huguenots » fut chantée la première fois à Saint-Roman-de-Tousque le 23 septembre 1885 et est devenue depuis l'hymne du pays cévenol.

vers les Fournels. Au rond-point, poursuivre à droite pour couper la voie ferrée. Bientôt 1 le sentier grimpe dans la pinède à gauche de la route et rejoint la D153c que vous empruntez à gauche. Parvenu à l'Ayrolle Haute, vous pouvez apercevoir le mur de la chapelle romane de la Madeleine datant du XIVe siècle.

Au col de l'Espeutiéra 2, abandonner la route pour suivre à gauche le sentier dessiné à flanc de colline qui va s'incurver sur la gauche pour descendre dans un valat au milieu des chênes verts, cades thyms et buis. Prolonger par un chemin sur la gauche d'où l'on aperçoit le mas de Monies. Passer devant un ancien four à chaud. Parvenu à Radier, ignorer à gauche le sentier qui s'oriente vers les Fournels et préférer rester dans l'axe attentif au balisage tout en vous élevant dans la pente boisée. Après un dernier raidillon très prononcé, rejoindre la route 3 que vous suivez à droite. Passer sous la voie ferrée avant d'enjamber le Gardon grâce au pont submersible. S'élever à gauche du pont. Emprunter à gauche la D907 sur quelques mètres avant de grimper à droite dans la colline. Après le mas Blanc, prolonger tout droit jusqu'à une piste que vous coupez pour continuer votre ascension.

Après la montée, au carrefour du Dolmen 4, à la division de chemin rester à gauche et poursuivre sur un sentier en balcon où par les trouées de nombreux panoramas vont se découvrir. Passer à proximité du mas de Rouville, bifurquer sur la gauche en contrebas de la route. Vous pouvez faire un AR à droite jusqu'au panorama avant de vous laisser descendre à gauche. Dans la courbe, prendre à droite et toujours suivre le sentier balisé à flanc de colline. Couper un sentier et poursuivre face à vous. Ce sentier débouche au-dessus de la route qui mène au mas de Rouville. Prendre à gauche sur 50 mètres puis à droite après avoir quitté le sentier qui s'oriente vers le château de Sueille. Bientôt ce sentier se transforme en piste que vous abandonnez dans le virage suivant pour celui face à vous qui rejoint une route 5. Toujours rester sur cette petite route pour revenir à Saint-Jean-du-Gard.

5 SAINT-JEAN-DU-GARD

Rando n°4

Le mont Brion

ITINÉRAIRE
18,1 km
5h30 à 6h00
760 m+

À la limite entre basses Cévennes et hautes vallées cévenoles, au confluent des vallées françaises et Borgnes, Saint-Jean-du-Gard occupe le creux d'un petit bassin alluvionnaire entouré de collines propices à la randonnée. Le mont Brion avec ses 815 m d'altitude fait partie d'entre elles. Lieu stratégique pour la prévention des incendies, il accueille une tour de guet et on comprend pourquoi ! La vue du sommet sur les Cévennes gardoises, héraultaises et lozériennes récompense largement des efforts consentis à la montée.

Départ : office de tourisme de Saint-Jean-du-Gard.
Difficulté : distance et dénivelé, montée raide entre la Malaygue et les rochers des Corbeaux, descente très pierreuse du mont Brion.
Période : toute l'année.

Itinéraire

S'orienter vers la gare, passer le pont Neuf, et face à la gare, bifurquer à droite le long du Gardon. Au pont Vieux, prendre à gauche vers Sainte-Croix-de-Caderle (GR®61). Après 650 m, poursuivre à droite, fidèle au balisage pour traverser la forêt au-dessus de la vallée du Gardon. À la Devèze, longer la D153 sur quelques mètres avant de suivre le petit sentier qui s'élève progressivement puis se prolonge par un bon chemin pour déboucher à la Graussille ❶. S'orienter vers le col de Briontet (rouge-blanc). Rester sur ce chemin forestier jusqu'au jalon de la Malaygue ❷.
Laisser filer le GR® pour grimper à gauche vers le mont Brion. Attention, bien se laisser guider par les traits jaunes sur ce flanc de colline abrupte pour se hisser entre les rochers. Après cette montée harassante, franchir la butte et profiter d'un bon chemin pour récupérer. À la rencontre d'une piste, grimper sur la droite pour déboucher au mont Brion, sa tour de guet et sa vue panoramique. Au jalon, descendre vers le Briontet. Là encore, bien repérer les traits jaunes tout en descendant la sente très réfractaire à votre équilibre. Après cette longue et pénible descente, déboucher au col de Briontet ❸.

L'ancien pont sur le Gardon.

S'orienter à gauche vers Sainte-Croix. Profiter des vues sur Soudorgues et sa vallée. Avant la route, dans une partie dégagée, abandonner la piste pour suivre à droite le chemin forestier et son efficace balisage. Couper deux pistes pour prendre face à vous le chemin des Crêtes. Dans le bois, traverser un passage rocheux, rester à gauche à la piste, longer la clôture pour déboucher au Tourel ❹. Poursuivre vers Sainte-Croix-de-Caderle. Aller jusqu'au temple. Revenu, suivre à droite la D153b qui descend vers Saint-Jean tout en profitant du super panorama qui s'offre à vous. Devant le pont, rester dans l'axe sur 300 m pour, juste avant le parapet, descendre à droite entre les châtaigniers. Remonter la piste à droite. Elle se prolonge par une sente qui se glisse entre les clôtures. Garder la rivière à main gauche. Après le pont, prendre à droite. Laisser le second pont sur la droite et s'élever sur l'agréable sentier. Passer sur le pont restauré tout en contemplant les cascades et prolonger à droite sur un sentier qui prend de la hauteur. À la piste, bifurquer à gauche puis à droite au croisement suivant. Rester dans l'axe pour traverser le hameau. À la route, obliquer à droite jusqu'au jalon de la Graussille. ❶ Prendre le chemin de l'aller (GR®61) pour revenir à Saint-Jean-du-Gard.

Le Gardon de Saint-Jean.

6

LE VIGAN

AU CŒUR DES CÉVENNES MÉRIDIONALES

Situé au sein du Parc national des Cévennes, sur les derniers contreforts du massif entre l'Aigoual et le plateau des Causses, Le Vigan – à la lisière du Gard et de l'Hérault – est une ville située sur l'itinéraire du Chemin de Saint-Guilhem-le-Désert, une partie du chemin de Saint-Jacques d'Arles à Compostelle. Cité industrieuse florissante aux grandes heures de la sériciculture et de la filature pour fournir l'industrie textile en plein essor, Le Vigan est aujourd'hui réputé pour ses pommes reinettes, ses châtaignes et sa culture de l'oignon doux. La région est synonyme de montagnes boisées, de constructions agropastorales simples et authentiques fréquentées par une faune et une flore sauvages uniques. Sur ce territoire chaotique irrigué par des nombreuses rivières et ruisseaux, de nombreuses drailles et pistes forestières s'offrent à la curiosité des randonneurs. Que ce soit autour du Vigan au sein de la forêt domaniale de l'Aigoual vers les magnifiques châtaigneraies de la vallée du Coudoulous ou le territoire sculpté de terrasses pour la culture de l'oignon doux autour de Saint-André-de-Majencoules. À peine plus loin, changement radical de topographie autour de Viessec au pied du Larzac ou à la découverte du cirque de Navacelles dans de superbes circuits autour de la vallée de la Vis, dans l'ancien lit de cette rivière millénaire. Un territoire qui réserve une surprise à chaque pas.

Ci-dessus : Le Vigan, vieux pont de pierre. © Wikimedia Commons / Célinien Grand
Page de droite : le cirque de Navacelles (rando n°4).

PRATIQUE

Quand venir

■ Toute l'année. Attention aux hivers neigeux.

Y aller

■ **En voiture :** depuis Montpellier, prendre l'autoroute A9 jusqu'à Nîmes, puis prendre la D999 pour Le Vigan.

■ Depuis Clermont-Ferrand, descendre l'autoroute A75 jusqu'à L'Hospitalet-du-Larzac, sortie 48. Prendre direction Le Vigan via la D7. À Sauclières, emprunter la D999.

■ **En transports en commun :** il n'y a pas de ligne de chemin de fer pour Le Vigan. Depuis Montpellier, il faut prendre un bus liO depuis la station de tramway Occitanie au nord de Montpellier avec des arrêts à Viols-le-Fort, Brissac, Ganges, etc.

Sur place

■ Le bus régional liO 106 relie Le Vigan à Aulas. La ligne 105 relie la sous-préfecture gardoise à Vissec.

Se loger

■ **Mas de la Prairie :** cet hôtel de 21 chambres **au Vigan** dispose d'une piscine et d'une terrasse ombragée, ainsi que d'un restaurant proposant une cuisine cévenole traditionnelle. 04 67 81 80 80.

■ **Le Bed & Breakfast Les Glycines au Vigan** propose des chambres simples au sein de la ville. Le B&B sert un petit-déjeuner continental tous les matins. 04 67 81 03 28.

■ **Camping le Val de l'Arre**** au Vigan :** emplacements tentes et mobile-homes, piscine chauffée de mi-mai à septembre, tous services. www.camping-levaldelarre.com, 04 67 80 02 77.

6 LE VIGAN

La croix des Quatre Chemins (rando n°3).

Envie d'autres expériences ?

■ À la recherche d'adrénaline ? Vous pouvez tester l'un des rares spots de **saut à l'élastique** du Languedoc au pont d'Alzon, depuis un viaduc situé sur l'ancienne ligne de chemin de fer reliant **Montpellier à Millau**. Le site, qui permet un saut de plus de 50 mètres, est le premier site permanent de saut à l'élastique en Europe. On peut sauter à deux. Attention, peu de dates disponibles. 09 80 80 04 85.

■ Cigale Aventure, situé au Vigan, propose des aventures sportives, telles que le **canyoning**. Il est possible de s'initier avec le Valat de Tines près de Ganges, qui est un canyon miniature. Ce canyon a été équipé par le **CREPS de Montpellier** et son accès est aménagé. 09 80 36 37 84.

■ Cheval Vert, à Avèze, propose des cours d'équitation ainsi que des **balades et randonnées à cheval** de 1 heure à plusieurs jours. 06 09 74 25 47.

À VOIR / À FAIRE

■ La Coopérative Origine Cévennes à Saint-André-de-Majencoules regroupe 70 producteurs d'oignons doux des Cévennes qui produisent chaque année près de 2 600 tonnes de cet oignon bénéficiant d'une AOC. La boutique de la coopérative est ouverte toute l'année, 7 jours sur 7. 04 67 82 26 42.

■ Les ruchers troncs étaient une technique ancestrale d'apiculture, utilisée dans les Cévennes : les troncs de châtaignier étaient creusés et fermés par des pierres en lauze afin de créer un abri pour les abeilles. Depuis 2008, un programme de réhabilitation de ces ruchers, dont certains ont jusqu'à 300 ans, a été lancé à Arrigas. On peut observer à l'étable du Grand champ, route de Peyraube, ces étrangers ruches. La visite est gratuite et le lieu indiqué par des panneaux signalétiques du Parc des Cévennes.

COUP DE CŒUR

■ Près de Saint-Laurent-le-Minier, la randonnée autour du pic d'Anjeau qui domine la Vis et offre, du haut de ses 864 m, une vue somptueuse sur le causse de Blandas et le massif des Cévennes.

ENVIE D'AUTRES BALADES ?

■ Au départ d'Aumessas, la randonnée autour des fermes oubliées d'Aumessas pour la plupart en ruines, qui sont un témoignage émouvant et nostalgique d'une civilisation agraire désormais passée.

■ Depuis Bréau-et-Salagosse, au col du minier, une superbe balade qui se pratique durant les hivers neigeux, en raquettes. Ce circuit en boucle sur le versant sud du massif de l'Aigoual s'effectue autour du lac des Pises, en empruntant la route forestière du Lingas.

Ci-dessus : **la Vis (rando n°4).**
Ci-dessous : **point de vue sur Navacelles (rando n°3).**

ASTUCE RANDO

Dans la plupart de ces zones montagneuses, les téléphones mobiles passent très mal. Pour votre orientation GPS, penser à télécharger votre circuit pour le visualiser hors connexion.

6 LE VIGAN

Rando n°1

La vallée du Coudoulous

ITINÉRAIRE
8 km
2h30
320 m+

Des espaces à perte de vue, une châtaigneraie magnifique, des couleurs, des odeurs, la vallée du Coudoulous et de vieilles demeures du XVIe siècle. Tous les ingrédients sont réunis pour passer un bon moment.

Départ : mairie d'Aulas.
Accès : Aulas à 6 km du Vigan. Par la D170, déboucher à Aulas. Stationner place de l'Airette (mairie).
Difficulté : petites sentes par endroits ravinées.
Période : de mars à octobre.

P'tit plus

■ Sur la route de l'Aigoual, au col du minier à Bréau-et-Salagosse **l'Auberge de la Cravate** est un lieu incroyable proposant des plats simples (agneau grillé, sucettes de poulet cuites à la cheminée, omelette aux cèpes, truites etc.) dans un cadre simple. Mais avec une terrasse offrant une vue majestueuse à 180° sur le Parc national des Cévennes. 06 79 01 34 10.

Itinéraire

Depuis la mairie, s'orienter vers la fontaine pour cheminer en direction d'Arphy (D 190), tout en contemplant sur la droite le Coudoulous qui cascade vers le village. Après 350 m, laisser filer la route d'Arphy pour suivre à gauche ❶ la direction du Peyron. À la prochaine division de route, poursuivre à droite pour s'élever par de grandes courbes jusqu'au mas Queyrol. Après le virage en épingle ❷, abandonner l'asphalte pour suivre le chemin forestier dessiné dans la châtaigneraie qui se prolonge à droite par une agréable piste. Après 800 m à l'embranchement de deux chemins ❸, préférer celui de droite qui se dirige vers Trépadous. Contourner ce hameau et, guidé par le balisage, poursuivre la montée en sous-bois. N'hésitez pas à faire quelques pauses pour profiter des points de vue et reprendre votre souffle. Bientôt apparaissent les vieilles demeures de Pracoustals qu'une association locale de sauvegarde du patrimoine a restauré pour redonner vie au hameau. On a peine à croire qu'au XIXe siècle sa population dépassait la centaine d'habitants et que deux auberges accueillaient les voyageurs se rendant vers l'Aigoual. Après la visite des lieux, dos à la croix, redescendre la petite route sur 600 m pour emprunter sur la gauche le sentier balisé du GR®7 ❹ qui recoupe la route et descend gaillardement jusqu'à Carnieu. ❺ S'orienter sur la gauche pour rejoindre Aulas tout en contemplant les vallées de Bréau et d'Aulas.

Trépadous.

Rando n°2

Les deux rivières

Partir à la découverte de deux hameaux et de deux rivières c'est ce que vous propose cette boucle dessinée au pied du Larzac. Les points de vue sur le causse de Blandas et les Cévennes combleront même les plus insensibles à dame Nature.

Vissec.

Départ : Vissec, parking de l'aire d'accueil.
Accès : Vissec à 20 km du Vigan. S'orienter par la D9090 vers Alzon. Après le camping, prendre à gauche vers Avèze D48 et Montardier. Prolonger par la D113 pour parvenir à Blandas. Par la D113, rejoindre Vissec. Stationner parking de l'aire d'accueil de la Pelouse.
Difficulté : montée du Valat des Conques.
Période : de mars à octobre.

ITINÉRAIRE
10,5 km
3h30
290 m+

P'tit plus

- À Blandas : visite de la maison du grand site de Navacelles.
- Balade dans le village de Montardier.
- Parcours accrobranche Les accros d'Anjeau à Montardier, 06 08 53 93 70.

Itinéraire

Depuis l'aire d'accueil, s'orienter vers les Sorbs. Traverser le village, passer derrière l'église et poursuivre à gauche sur la route. Devant la croix, remonter sur la droite vers les Aires. Alors que l'asphalte disparaît, descendre à gauche. À la fourche suivante, rester à gauche pour déboucher au jalon des Horts. Prolonger en direction de camp Altou. Parvenue à la patte-d'oie des Deux Rivières ①, la balade s'oriente vers Sorbs. Couper la route pour emprunter face à vous le lit de la Vis. Au hameau de camp Altou ②, se diriger vers la Virenque et suivre le chemin parallèle à la rivière. Après 500 m, fidèle au balisage, au poteau de la Virenque, ③ descendre à droite, couper la rivière et prolonger sur l'autre rive. Pour déboucher au jalon de Font Mainoux. S'orienter vers le Valat des Conques tout en poussant fort sur les mollets. Bien refermer les portillons. Au jalon du Valat des Conques ④, rejoindre serre de la Combette par une agréable piste forestière, tout en profitant du panorama. Au croisement des DFCI, prendre à gauche puis à la grande patte-d'oie à gauche vers Vissec. Bien rester à droite à la patte-d'oie suivante ⑤, poursuivre le bon chemin forestier qui sinue dans la végétation.

Au jalon du Bosc ⑥, suivre à droite vers le Coste de Regagnas. Là encore, tout en descendant, profiter des points de vue. Couper la route pour retrouver le lit de la rivière sur 300 m avant de remonter sur la droite et déboucher au jalon des Deux Rivières ①. Prendre à gauche pour revenir à Vissec par le chemin emprunté à l'aller.

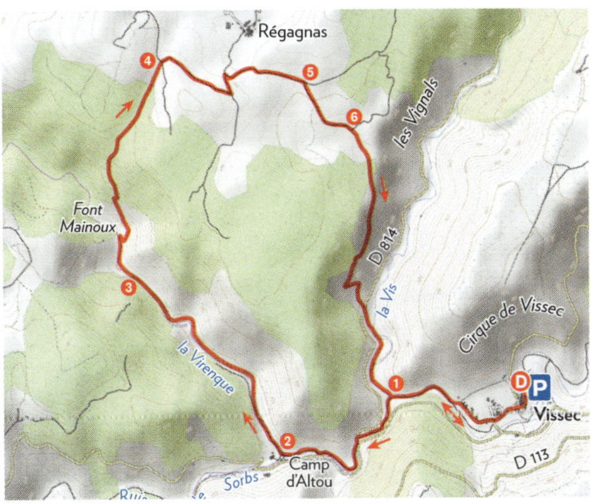

Rando n°3

Les Grandes Collines

ITINÉRAIRE
20 km
6h30
1080 m+

Du latin Majorès collès (grandes collines), le nom de Majencoules semble justifié par sa position géographique au sein de collines hautes et nombreuses. C'est au XIIe siècle que les moines bénédictins d'Aniane construisirent un prieuré sur l'emplacement du village puis une église. La population l'entoure de maisons. Le village s'appellera successivement Parochia Sanctae Andreae (1224), Locus Majencoulis (1384), Majencoules de l'Hérault (1793), puis Saint-André-de-Majencoules. C'est à la découverte de ce village et de ses nombreux hameaux que cette randonnée vous entraîne tout en vous offrant des panoramas à vous couper le souffle sur les crêtes cévenoles et les nombreuses terrasses piquetées d'oignon doux des Cévennes.

Départ : Saint-André-de-Majencoules.
Accès : à 13 km du Vigan. Par la D999, vers Ganges rejoindre Pont-d'Hérault. Prendre à gauche vers Valleraugue. À Peyregrosses, grimper à gauche vers Saint-André. Parking à l'entrée du village sous le mur du château.
Difficulté : longue randonnée, montée raide avant la Pierre Plantée.
Période : toute l'année.

L'ancienne filature de Saint-André.

Itinéraire

S'orienter vers l'église, passer le pont et à gauche suivre la petite route (rue Delpuech de Lomède). Après environ 150 m, prendre le sentier à droite et à la route à gauche. Juste avant la croix sur la gauche s'élever à droite vers l'ancienne filature. Poursuivre sur la route à gauche sur 300 mètres. Au niveau d'une nouvelle croix, monter la volée de marches pour suivre le vieux sentier dessiné dans la colline qui grimpe dans la châtaigneraie. Vous êtes sur le sentier qu'empruntaient les ouvrières matin et soir descendant depuis la Rouviérette jusqu'à la filature de Saint-André.

Après la montée, bien obliquer à droite. Couper une première route avant d'emprunter la seconde sur la droite et déboucher à Combe-Croze. Prolonger à droite vers la Rouviérette. Au milieu du hameau **1**, un petit panneau vous indique Camias, pas d'hésitation suivez cette direction. La route se prolonge par une piste puis un chemin parfois caladé descendant vers Camias qui se cache en fond de vallée. Couper la route pour prolonger la descente sur un bon chemin. Faire le tour d'une propriété avant de déboucher au pont de Camias **2**.

Prendre à droite jusqu'au poteau directionnel de Piécan **3**. S'orienter à gauche sur 15 mètres avant de descendre rapidement dans le bois. Sur la gauche se dessine le village de l'Arboux. Poursuivre sur la gauche le long du ruisseau et d'un verger de pommiers. Rester toujours dans l'axe pour emprunter le pont submersible et continuer à gauche. Au panneau de l'ancienne gare poursuivre sur une route sur 1,5 km. Bien laisser la route de Saint-André sur la gauche (D354). Cent mètres après celle-ci juste avant le panneau prioritaire **4**, s'engager à gauche sur le sentier qui bientôt passe dans

le viaduc puis parallèle à la D999 sur l'alignement de l'ancienne voie de chemin de fer, rejoint l'ancienne gare, aujourd'hui école primaire. 5 Prendre la montée sur la gauche, guidé par les rectangles rouge et blanc ou jaune. Poursuivre sur le sentier à gauche qui va rejoindre à nouveau la route et jouer avec elle. Au départ de plusieurs chemins, laisser le DFCI qui part à gauche et rester toujours fidèle au balisage. Passer devant une petite croix en fer forgé avant d'atteindre le croisement des Quatre Chemins et sa croix en granit 6. Prendre la route qui descend vers Camias. Peu après la ruine suivre le sentier à gauche. À la route, prendre à gauche avant de descendre sur la gauche pour déboucher au croisement de Camias. Traverser le hameau jusqu'au poteau directionnel de Piécan 3. Juste avant celui-ci bifurquer à droite vers Rouas sur le chemin qui s'élève entre les fougères et poursuit sa chevauchée sur la crête avant de rejoindre une piste. Prendre à droite. Couper la route pour suivre le chemin forestier qui tout en prenant de l'altitude vous offre de nombreux points de vue. Traverser le hameau de Rouasset, longer la propriété des Pausettes pour rejoindre Rouas. À l'entrée de ce hameau 7, s'orienter vers la Pierre Plantée. Attentif aux rectangles jaunes, prendre à droite pour partir à l'assaut de la Pierre Plantée par un chemin très pentu. Après avoir contemplé la Pierre Plantée, au panneau Serre de Rouas se diriger vers Pont-d'Hérault. Au Suel, se diriger vers la Rouviérette tout en suivant la draille qu'empruntent à la saison les moutons grimpant à l'estive. Traverser le hameau de la Rouviérette pour retrouver le chemin pris à l'aller. Au poteau Combe-Croze, grimper sur la gauche pour descendre jusqu'à Saint-André-de-Majencoules.

L'OIGNON DOUX DES CÉVENNES

Suite au déclin de l'industrie de la soie, les filatures ont fermé progressivement entraînant un exode rural. En 1991, à l'initiative de 30 producteurs d'oignons doux, une coopérative est créée, défiant les difficultés de ce territoire cévenol : parcelles de petite taille en terrasses qui façonnent le paysage. Au fil des ans, l'entreprise se développe avec la notoriété de son produit phare, l'oignon doux des Cévennes, AOC dès 2003, puis AOP en 2008. Aujourd'hui, elle compte plus de 100 adhérents, produit plus de 2 300 tonnes d'oignons doux, de pommes et châtaignes et réalise un chiffre d'affaires de 5 M€. C'est le résultat d'une politique de développement ambitieuse qui s'appuie sur des valeurs fortes partagées par tous : un attachement à un terroir, un esprit de solidarité et d'échanges, le goût des produits de qualité, le respect d'une nature exceptionnelle. Actuellement, cette production occupe 35 ha de terrasses granitiques et schisteuses. Les producteurs sont mobilisés pour préserver leur territoire, limiter l'impact des cultures sur l'environnement tout en veillant à la grande qualité des produits. La coopérative est installée route de Valleraugue et dispose d'un magasin de vente directe. Tél. : 04 67 82 50 44.

6 LE VIGAN

Rando n°4

Les gorges de la Vis

Les gorges de la Vis séparent les causses de Blandas dans le Gard et du Larzac dans l'Hérault. On vient de loin pour admirer cet impressionnant canyon creusé au fil du temps par la rivière Vis. Le spectacle est déconcertant : sous vos yeux, 300 mètres plus bas, se dessine un trou béant, vous invitant presque à pénétrer dans les entrailles de la Terre, à la différence près que le site n'est pas un effrayant chaos de pierres et de roches à l'aspect lunaire, mais un endroit verdoyant qui incite à la détente et à la découverte de la nature environnante. Le cirque de Navacelles constitue une curiosité géologique. Il s'agit plus spécifiquement d'un méandre abandonné par la Vis, qui s'est ouvert un nouveau cours plus direct, en créant une cascade de plus de 8 mètres de haut. Au centre, le rocher de la Vierge, ou plus familièrement « l'huître », est entouré d'une bande de terre très fertile : c'est l'ancien lit de la rivière, le méandre. Ses prairies verdoyantes, la cascade et la ripisylve boisée offrent un contraste saisissant avec les versants abrupts, arides et caillouteux des gorges et soulignent étrangement les reliefs. C'est Magique ! Fantastique ! Extraordinaire ! Époustouflant ! En effet les superlatifs ne manquent pas au cours de cette randonnée qui part à la découverte d'un des plus beaux sites naturels de France. Aujourd'hui, le cirque de Navacelles adhère aux Grands Sites de France, et peut s'enorgueillir d'accueillir plus de 300 000 visiteurs par an. Depuis 2011, il est niché au cœur d'un espace inscrit au Patrimoine mondial de l'UNESCO.
En chemin, vous pourrez profiter de superbes vues sur le cirque de Navacelles avant de rejoindre la résurgence de la Vis et les moulins de la Foux. Là, vous aurez sûrement l'impression d'être accueilli par un orchestre philharmonique, tant la puissance de l'eau, qui semble jaillir de nulle part, génère des sons semblables à une symphonie.

Accès : 18 km du Vigan. S'engager sur la D48 jusqu'à Montardier. Rejoindre par la D113 Blandas. S'orienter vers le cirque pour déboucher à la Maison du Grand Site.
Départ : parking de la Maison du Grand Site.
Difficulté : rochers parfois glissants aux moulins de la Foux, montée pentue après Navacelles (très pentue par la variante par les belvédères).
Période : de mars à novembre.

P'tit plus

- Visite de la Maison du Grand Site, 04 67 81 01 72.
- Montardier : parcours accrobranche, 06 08 53 93 70.

Itinéraire

Du parking, rejoindre la Maison du Grand Site et s'orienter vers les belvédères. Au premier jalon, prendre à droite vers les Moulins. Passer au poteau du Travers de Navacelles. À la jonction des Faisses, descendre à gauche vers le rocher du Loup. À la route ❶, bifurquer à droite pour rejoindre le petit parking des pentes de Navacelles. Descendre la volée de marches à gauche vers La Foux. Profiter de l'immense panorama qui s'offre à vous. Doucettement puis de plus en plus fort le bruit de l'eau qui cascade se fait entendre. Un dernier virage, et le spectacle grandiose des moulins vous laisse sans voix. À cet endroit la Vis ressurgit avec des forces décuplées, prête à en découdre

BOUCLE PRINCIPALE
13,8 km
3h30
430 m+

AVEC AR SENTIER BOTANIQUE
18,6 km
5h00
590 m+

AVEC REMONTÉE PAR LES BELVÉDÈRES
11,9 km
3h15
410 m+

Le moulin de la Foux.

avec les éléments. À l'intérieur des moulins, des panneaux renseignent sur l'activité des lieux. Remonter jusqu'au jalon de la Foux 2 puis s'orienter à gauche vers Navacelles. Vagabonder tout en suivant la rivière parfois proche qui dessine son lit dans un chaos rocheux dont elle seule semble comprendre le sens. Déboucher au croisement de la Truque 3 et par la route descendre à Navacelles. S'orienter vers Blandas face à la cascade et remonter la rivière. Passer sur le pont Vieux. Au jalon du mas de Guillou 4, bien prendre à gauche le sentier qui s'amuse avec la pente tout en vous proposant de sympathiques points de vue. À la jonction des Bayrades, emprunter la route à droite pour retrouver le petit parking. Reprendre à droite pour repasser au rocher du Loup et revenir à la maison du Grand Site. Au belvédère des Chênes, rejoindre ceux de la Doline et de la Cascade pour profiter d'une vue plongeante sur le cirque.

Variantes

■ Sentier botanique

Du jalon 2, vous pouvez rallonger la randonnée en partant à droite, pour un AR sur le sentier botanique et ses nombreux panneaux explicatifs jusqu'au point de vue sur Vissec. Pour l'AR, compter 4,8 km • 1 h 30 • 160 m+.

■ Par les belvédères

Une variante plus courte mais plus sportive consiste à remonter à la Maison du Grand Site par les belvédères. Du jalon 4, bifurquer à droite sur le GR®7 (rouge-blanc). Après une rude montée, atteindre la route et prendre à droite (abandonner le GR®7 à gauche) jusqu'au belvédère. Ouvrez grand vos yeux, le spectacle va commencer, vous êtes aux premières loges, savourez l'instant présent. Depuis le belvédère de la Doline, où le regard plonge dans les entrailles de Navacelles que la rivière a creusé au fil des siècles, prolonger jusqu'au belvédère de la Cascade et sa maquette avant de revenir à la Doline. Couper la route et déboucher au belvédère des Chênes d'où un gigantesque panorama se découvre sur une houle de collines. Se diriger vers la Maison du Grand Site.

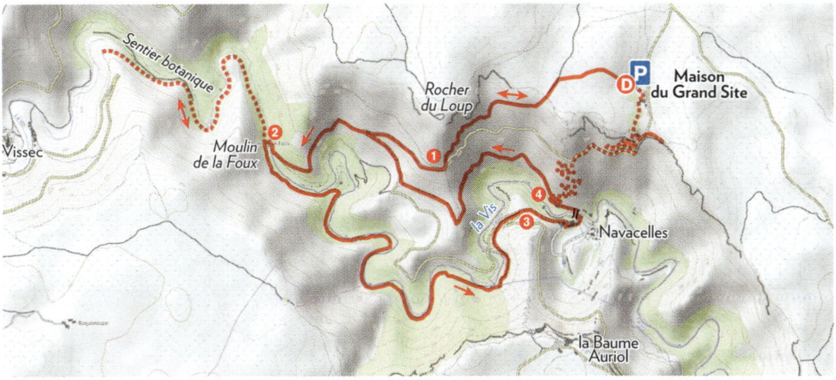

7

LAC DU SALAGOU

LE DÉCOR UNIQUE DU SALAGOU

Créé en 1969 dans le lit d'une ancienne rivière afin de pouvoir irriguer la vallée, le lac du Salagou règne sur ce pays de ruffes qui cernent de rouge l'eau de ce qui est maintenant le plus grand lac du département de l'Hérault. Dans cette vallée où affleure une argile rouge, riche en oxyde de fer (les ruffes) évoquant les étendues désertiques d'Arizona ou d'Afrique, on ne se lasse pas de découvrir des circuits dans un paysage faussement désolé, cerné de peupliers, de frênes et de saules. Mais les surprises géologiques ne s'arrêtent pas au Salagou, puisqu'à quelques kilomètres, c'est le chaos d'énormes blocs de roches du cirque de Mourèze qui fascine les randonneurs. Le site, résultat de millions d'années d'érosion de la pierre dont il ne reste parfois que certains pitons de près de cent mètres aux étranges silhouettes ensorcelées, offre un spectacle tellurique. Encore plus fascinant au lever ou au coucher du soleil, donnant aux lieux une dimension féerique.

Ci-dessus : du mont Liausson, vue sur le Salagou et le Lodévois (randos n°1 et 2).
Page de droite en haut: le lac du Salagou.
Page de droite en bas: la grande capitelle de l'Auverne (rando n°3).

PRATIQUE

Quand venir

- Toute l'année.

Y aller

- **En voiture :** depuis Montpellier ou Lyon, à Montpellier prendre l'autoroute A75 en direction de Millau. Prendre la sortie 57 vers Clermont-l'Hérault/ Bédarieux. Puis prendre la D909D en direction de Clermont-l'Hérault/ Bédarieux.
- Depuis Toulouse, prendre l'A61 direction Narbonne/Montpellier. À Béziers, prendre la sortie en direction de l'A75. Prendre la sortie 57 vers Clermont-l'Hérault/Bédarieux. Puis prendre la D909D en direction de Clermont-l'Hérault/Bédarieux.
- **En transports en commun :** depuis Montpellier (départ station Mosson), les bus d'Hérault Transport desservent Gignac, Clermont-l'Hérault, par la ligne 663.

Sur place

- De Lodève au lac du Salagou, la liaison est assurée par le bus 661. En été, des navettes gratuites font la liaison entre Lodève et Saint-Maurice-de-Navacelles.

Se loger

- **Camping Club Lac du Salagou :** 333 emplacements dont 40 mobile-homes et 13 gîtes pour ce camping situé à 200 m du lac, qui dispose également d'un bassin de nage chauffé, et une aire de camping-cars de 23 emplacements. 04 67 96 13 13.
- **Hôtel le Sarac** :** ouvert à l'année à Clermont-l'Hérault, cet établissement dispose de 22 chambres confortables, dont 2 avec accès PMR. 04 67 88 57 81.
- Dans le charmant petit **village d'Octon, l'hôtel-restaurant La Calade** propose des chambres dans l'ancien presbytère. Avec des formules demi-pension. Le restaurant propose une cuisine de terroir de qualité. 04 67 96 19 21.

7 LAC DU SALAGOU

Clermont-l'Hérault lové autour de sa collégiale. © Wikimedia Commons / Selmoval

Envie d'autres expériences ?

■ Outre la randonnée, le lac du Salagou est également un spot très prisé des amateurs de **VTT** avec de nombreux circuits possibles. Ozone Cycles propose la location de vélos musculaires ou électriques toute l'année à son magasin de Clermont-l'Hérault. 04 67 96 27 17.

■ À Lodève, Salagou Air School propose des **vols tandems parapente** pour découvrir du ciel le lac du Salagou. Magique ! 06 99 38 92 35

■ On peut **pêcher au lac du Salagou**, aussi bien du bord qu'en bateau (sans moteur à explosion), mais une embarcation permet de réaliser une pêche plus florissante, notamment pour les carpes, qui pullulent dans la retenue.

■ La **base de plein air** Destination Salagou sur les rives de Clermont-l'Hérault, propose en saison de nombreuses activités. Beaucoup liées à l'eau (voile, paddle, kayak etc.) mais aussi du tir à l'arc ou de la trottinette électrique tout terrain. 04 67 96 05 71.

ENVIE D'AUTRES BALADES ?

■ Depuis Octon sur l'ouest du lac, belle petite randonnée sur les hauteurs de ce village offrant une vue sur le Salagou, jusqu'à la chapelle romane de Notre-Dame de Roubignac.
■ Depuis Ceyras, randonnée vers le canyon du Diable et la croix de Gibret à travers le canyon d'Agaras. Une randonnée à travers des canyons arides aux couleurs ocre flamboyant digne du grand Ouest Américain !
■ Au-dessus de Lodève, la randonnée autour du cirque de Labeil permet de découvrir un circuit qui s'élève jusqu'aux pieds des falaises, offrant des points de vue sur les paysages du Lodévois avant de s'enfoncer dans une forêt sombre, puis de traverser le causse au milieu d'un chaos rocheux.

COUP DE CŒUR

■ En 1969, le village de Celles, situé au nord de la retenue, a survécu à la mise en eau du lac : par miracle, **le niveau s'est arrêté aux portes du village** vidé de ses habitants. Village fantôme pendant 50 ans, il est depuis quelques années en cours de restauration et quelques habitations ont repris vie. L'ambiance y est étonnante et la vue sur le lac, parmi les plus belles. Jolie randonnée vers le plateau du Cayroux.

À VOIR / À FAIRE

■ L'unique annexe de la Manufacture Nationale de Tapis de la « Savonnerie » est à Lodève. Dans cet atelier d'artisanat d'art, se tissent des tapis d'exception destinés aux plus hauts lieux de la République. Visite sur réservation. 04 67 88 86 44.

■ Au nord du lac du Salagou, les fondations du Prieuré de Saint-Michel-de-Grandmont remontent au XIIe siècle. L'ensemble architectural comprend une église, une salle capitulaire et un cloître roman mais aussi un parc mégalithique. 04 67 44 09 31.

■ Rénové en 2018, le musée de Lodève propose des collections couvrant 540 millions d'années d'histoire avec des parcours immersifs et multimédias. Belle exposition de sculptures de Paul Dardé, qui fut élève de Rodin. 04 67 88 86 10.

Ci-dessus : **mouette rieuse sur le lac du Salagou.**
Ci-dessous : **l'enceinte du château des Guilhem, sur les hauteurs de Clermont-l'Hérault.**
© Wikimedia Commons / Selmoval

ASTUCE RANDO

Autour du lac du Salagou, faire attention aux nombreux vététistes, qui parfois oublient qu'ils ne sont pas seuls. Et penser à une serviette pour pouvoir se baigner !

7 LAC DU SALAGOU

Rando n°1

Le mont Liausson

ITINÉRAIRE
5,2 km
2h00
300 m+

LA balade incontournable et accessible au plus grand nombre. Elle ne pouvait pas ne pas figurer dans cet ouvrage! Même les plus insensibles à dame nature seront comblés par cette fascinante balade sur le mont Liausson et sa vue panoramique sur le lac du Salagou entouré de ruffes rougeoyantes et sur le cirque de Mourèze et ses rochers sculptés.

Départ : Liausson.
Accès : de Clermont-l'Hérault. S'orienter vers le lac du Salagou pour rejoindre Liausson. Stationner parking des randonneurs.
Difficulté : montée soutenue entre 3 et 4.
Période : toute l'année.

P'tit plus

- Baignade au Salagou à la belle saison.
- Visite du cirque de Mourèze.
- Visite de la manufacture royale de Villeneuvette.

Croix de Liausson.

Itinéraire

Dos au parking, s'orienter à gauche vers Salasc. Peu après bifurquer à gauche 1 dans le chemin de Lacan et ses splendides platanes qui bientôt prend de l'altitude. À la première fourche 2, rester à gauche. À la station de pompage, obliquer à gauche dans le sentier qui s'élève vers le col de Portes. Toujours rester fidèle à ce sentier balisé jusqu'au col 3. Ignorer à droite la direction du col de Lousses, ainsi que le chemin qui s'oriente vers Mourèze pour privilégier le sentier à gauche qui part à l'assaut de la montagne de Liausson. Prolonger à gauche 4 sur la ligne de crêtes pour passer devant les ruines de l'ancien Ermitage Saint-Jean-d'Aureillan.

Ici une longue pause s'impose pour profiter d'un panorama à 360° sur le lac du Salagou, le village de Liaussonet, le cirque de Mourèze.

LE LAC DU SALAGOU

Ce lac est à la fois tout jeune et très âgé. En effet, la « ruffe », roche aux teintes de sang coagulé, n'a pas moins de 250 millions d'années. Le barrage ne date quant à lui que de 1968 et représente un volume d'environ 125 millions de mètres cubes d'eau. Au fil des ans, ce lac est devenu un des hauts lieux touristiques de la région où l'on peut observer une faune et une flore abondantes. Le lac et ses berges constituent un écosystème très apprécié. Perches, sandres, brochets et carpes se partagent les eaux avec les gardons, brèmes et autres habitants. Aux abords ce sont les oiseaux qui s'amusent dans les roseaux sous les regards avides des rapaces. Toute une vie avec ses bonheurs et ses angoisses!

Prolonger jusqu'à l'extrémité du plateau. Face au sentier qui descend dans le cirque 5 bien rester à gauche pour se laisser descendre entre les chênes. Passer deux virages pour revenir sur la crête et reprendre votre descente en suivant le balisage jusqu'au village de Liausson. Dans le village, emprunter la route à gauche puis prendre à droite la rue de la Clastre. Passer à l'église où depuis la placette vous profitez à nouveau du point de vue sur le Salagou. Descendre pour revenir à la mairie et au point départ.

Point de vue sur le Salagou.

Rando n°2

Le cirque de Mourèze et la montagne du Liausson

Magique! Fantastique! Fantasmagorique! Le cirque classé de Mourèze qui fait partie de l'opération Grand Site du lac du Salagou draine annuellement plusieurs dizaines de milliers de visiteurs qui se régalent en nommant les sculptures naturelles qu'ils découvrent. Habité sans discontinuité depuis la préhistoire, c'est un ensemble dolomitique typique occupant un vaste espace sur le flanc méridional du mont Liausson. Les sentiers sont nombreux à parcourir cet admirable champ de ruines naturel, du plus facile au plus long, à défaut d'être véritablement difficiles. Le circuit que je propose, en grande partie balisé en jaune, permet une vision complète du cirque et du mont Liausson, à l'aplomb du Salagou. Il offre un panorama étendu sur le Lodévois et, au-delà, sur le pic Saint-Loup, le Caroux voire le Canigou, si la brume a le bon goût de rester discrète. Il ne faut pas oublier la traversée du village de Mourèze toujours aussi beau malgré une fréquentation touristique qui ne date pas d'hier. Souhaitons à ce propos que le «Grand Site du Salagou – Cirque de Mourèze» reste à l'abri de la déferlante de béton qui a envahi certains autres Grands Sites.

Départ : Mourèze, parking visiteurs.
Accès : à 7,3 km de Clermont-l'Hérault. Sur la D908 direction Bédarieux, bifurquer à droite sur la D8 jusqu'à Mourèze. Parking à l'entrée du village (payant en saison).
Difficulté : moyenne, plusieurs passages rocheux. Attention à la chaleur.
Période : toute l'année.

P'tit plus

- Flâner dans les ruelles et sur les places de l'étonnante cité de Villeneuvette, à mi-chemin de Clermont-l'Hérault.

Itinéraire

Du parking, remontez quelques marches taillées dans la roche à côté du panneau de randonnée. Rapidement vous gagnez un petit parking. Prenez à droite en suivant le balisage jaune. Vous passez en contrebas d'un restaurant. Montez quelques marches en bois

Le rocher du Sphinx dans le cirque de Mourèze.

7 LAC DU SALAGOU

et glissez-vous entre les rochers jusqu'au départ du sentier menant à un belvédère 1, à gauche. Il gagne rapidement une plateforme aménagée au sommet d'un escalier métallique, après un passage étroit entre deux parois.
Redescendez au départ du sentier. Prenez à gauche pour descendre au cœur du cirque puis remonter entre des rochers ruiniformes toujours en suivant le balisage jaune.
Après quelques détours, l'itinéraire s'oriente à l'ouest et parvient à un carrefour sur un petit plateau (poteau « cirque de Mourèze ») 2. Prenez à droite en direction du mont Liausson. Le chemin s'oriente progressivement à l'est en montant sur les flancs de la montagne. Il s'aplanit et parvient à un embranchement. À gauche, la direction du « tour du Mont Liausson » est peinte en bleu sur un rocher. À droite, une vieille pancarte accrochée à un genévrier indique la direction « Gorges des Combasses » 3.
Quittez le balisage jaune et prenez ce sentier balisé en rouge (parfois sur fond rose) et par quelques vieux traits bleus. Tantôt montant, tantôt descendant, le sentier se faufile entre les rochers pendant 6 min et parvient à une fourche.
À droite, descend un sentier balisé par plusieurs flèches rouges sur une dalle rocheuse. Prenez à gauche, à niveau, en suivant les vieilles traces de peinture bleue, en direction d'un petit col, nettement visible sur la crête boisée qui barre l'horizon devant vous. Vous y parvenez rapidement pour entamer une jolie traversée sur les flancs d'un vallon sauvage, au-dessus d'une pinède, jusqu'à franchir un second collet et basculer à l'ubac du mont Liausson. Derrière vous, la pyramide du Vissou émerge du premier col. Devant vous, le Salagou apparaît.
Descendez en quelques lacets. Vous rejoignez un sentier qui vient de la droite. Continuez à gauche dans la végétation en suivant, désormais, un balisage rouge. Vous rejoignez un sentier balisé en jaune 4.
Prenez à gauche pour suivre le chemin qui grimpe rudement jusqu'à la crête. Au cours de la montée, vous passez devant un rocher caractéristique en forme de tête de chien curieusement baptisé « Tête de gendarme ». Une dizaine de mètres à l'ouest vous trouvez l'ouverture de la grotte de Liausson qui mène à une grande salle où des ermites étaient installés sous la règle des hospitaliers de Saint-Jean-de-Jérusalem. Revenons à la crête que nous suivons vers l'est dans un sous-bois d'yeuses, puis à découvert jusqu'à passer les ruines d'une chapelle datant probablement de la deuxième moitié du XIIIe siècle et destinée aux ermites de la grotte.

Le village de Mourèze, vu du belvédère.

Montée dans le cirque de Mourèze.

Continuez à suivre la crête dans une très belle ambiance et sous un somptueux panorama. Bientôt, le sentier descend vers l'est, passe l'embranchement du sentier qui descend vers la galerie du Miel Blanc (AR en 20 min) 5 puis oblique au nord pour descendre au col de Portes 6.
Descendez à gauche dans la garrigue. Après 15 min, vous parvenez à un embranchement 7. Prenez le sentier qui descend à gauche, franchit un thalweg, puis remonte légèrement vers le sud-est pour retrouver le cirque de Mourèze. Après une très belle descente entre de hauts rochers, il s'enfonce dans un sous-bois dense pour ressortir très rapidement sur un chemin bétonné à l'entrée du village. Prenez à droite pour descendre entre les maisons et déboucher sur la route qui dessert le village. Tournez à gauche pour gagner votre point de départ.

En faire un peu moins

7 km • 3 h 00 • 400 m+
Du jalon 3, monter par le sentier à gauche balisé en jaune jusqu'à la crête de la montagne du Liausson.

En faire plus

À partir du col de Portes 6, vous pouvez prendre le sentier qui monte vers l'ouest sur la crête des Lousses. À un gros cairn, prenez le sentier à droite qui vous conduit à un belvédère original sur le lac du Salagou que vous atteignez après une courte escalade sur un rocher. Revenu au cairn, vous pouvez continuer au sud-ouest jusqu'au col des Lousses et – si vous avez des fourmis dans les jambes – gravir le mont Mars, avant de redescendre sur la route d'accès à Mourèze. (Compter 1 à 2 heures de plus).

Sentier des Courtinals

Avec de jeunes enfants, vous pouvez vous contenter de suivre le circuit des Courtinals, balisé en jaune. Du parking, s'engager à droite dans la volée de marches en direction du cirque de Mourèze (jaune). Emprunter les escaliers en bois sur la droite puis grimper sur la gauche pour profiter depuis le belvédère des Courtinals d'un immense point de vue. Revenu à la piste, poursuivre votre cheminement tout en creux et en bosses guidé par un efficace balisage. Parvenu au poteau directionnel n°3, rester à gauche vers le village et là encore se laisser mener par les rectangles jaunes au milieu du cirque tout en profitant de nombreux points de vue propices à l'imagination. Au jalon du village, rester dans l'axe pour traverser le vieux village. À la route, prendre à gauche pour revenir au parking.

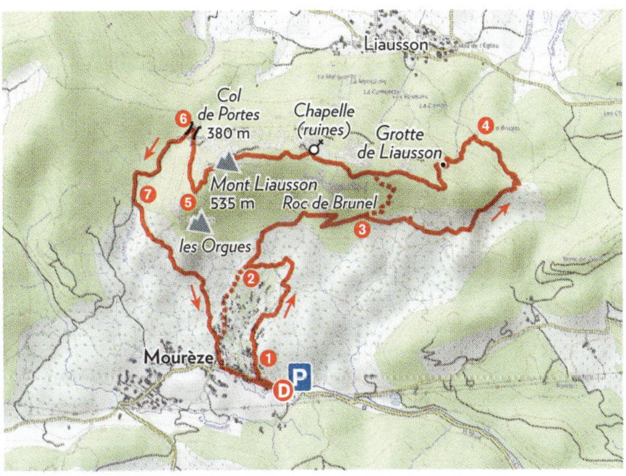

CIRQUE ET MONTAGNE
9,3 km
3h30
460 m+

VERSION COURTE
7 km
3h00
400 m+

SENTIER DES COURTINALS
2,5 km
0h45
70 m+

7 LAC DU SALAGOU

Rando n°3

Du Salagou au plateau de l'Auverne

ITINÉRAIRE
12,5 km
3h15
170 m+

Mis en eau en 1969, le lac du Salagou, du nom du ruisseau qui serpentait modestement dans une vallée aujourd'hui couverte par les eaux, est devenu une des perles du département. En raison de sa richesse paysagère mais aussi de sa diversité naturelle, il est devenu membre du réseau des Grands Sites de France comme deux autres sites du département: Saint-Guilhem-le-Désert et le Cirque de Navacelles. Entre eaux bleues, terres rouges et capitelles, cette randonnée sans difficulté d'abord en bordure du lac puis sur les hauteurs est idéale pour découvrir ce site incontournable de l'Hérault. Une telle étendue d'eau ne va pas sans son lot de poissons (perches, carpe, sandre, brochet...), ce qui a favorisé la présence d'oiseaux pêcheurs tels que les grands cormorans, les mouettes rieuses, et autres grèbes huppés. Quant à la moule zébrée, qui tapisse les pierres au fond du lac, elle impose le port de chaussures d'eau aux baigneurs, tant elle est coupante.

Départ : Les Vailhés.
Accès : à 20,5 km de Clermont-l'Hérault. Par l'A75, direction Lodève, prenez la sortie 55, et suivez la direction du lac du Salagou. 2,7 km après le rond-point de Cartels-du-Bosc, prenez à gauche la D146 E5 en direction du lac du Salagou-Les Vailhés. Continuez jusqu'au parking aménagé au bord du lac, où vous stationnez.
Difficulté : en dehors de la chaleur, pas de difficulté sur ce parcours.
Période : toute l'année.

P'tit plus

- Baignade dans le lac en saison.

Itinéraire

Passez la barrière métallique interdisant l'accès aux véhicules, pour vous diriger vers les installations touristiques – location de canoës, pédalos, dériveurs, buvette – qui sont ici restées à un développement familial des plus raisonnables. En longeant la rive du lac, vous passez devant le camping des Vailhés et une zone de baignade surveillée avant de quitter cet univers anthropisé et de vous glisser le long d'un chemin qui serpente au gré des croupes de ruffes qui s'avancent vers le lac. Bientôt balisé de traits jaunes, parfois montant, parfois descendant, le sentier s'éloigne rapidement de l'ambiance de « toute petite station balnéaire » de ce secteur du lac. Continuez sur le sentier qui longe le lac.

Vous passez au bas du chemin (1) qui monte vers la chapelle Notre-Dame-des-Clans, bâtie aux XIVe et XVe siècles ; c'est un bâtiment aux formes simples, avec nef unique dont l'originalité tient à son imposant vestibule d'entrée. Fermée au public, elle est le but d'un pèlerinage, le 15 août. À proximité vous pouvez voir une croix datée de 1760. Continuez sur le sentier qui longe le lac et parvient à la « baraque du facteur » encastrée dans un mur. Dans un paysage

La chapelle Notre-Dame-des-Clans.

sans cesse renouvelé, vous suivez le balisage jaune qui oblique bientôt à gauche pour grimper au-dessus d'une belle échancrure côtière et rejoint une piste carrossable. Prenez à droite la piste qui descend contourner le bout de la petite vallée qui descendait vers le lac. Elle devient goudronnée mais vous pouvez la longer sur un sentier balisé en jaune qui offre de beaux points de vue sur le plan d'eau. Quand vous parvenez à un mur de pierres 2, longez-le jusqu'à apercevoir le barrage qui a tant modifié l'aspect de cette vallée du Salagou. Puis revenez en arrière en prenant à droite pour rejoindre la piste carrossable. Traversez-la pour en prendre une autre, en face du panneau DFCI. Non balisée, elle file vers le nord en serpentant sur un plateau, entre champs de céréales et vignes, face au mont Saint-Baudille. Elle passe sous une ligne électrique puis rejoint une piste. Prenez à gauche. Une première capitelle est visible, à droite, dans une friche. Au détour d'un virage, la grande capitelle de l'Auverne apparaît, superbe face au mont Saint-Baudille. Continuez sur la piste qui file en direction du bord du plateau de l'Auverne, contourne un champ rectangulaire pour repartir au sud puis sud-ouest. Restez sur la piste principale qui longe un temps la ligne électrique puis rejoint une piste carrossable 3 mieux entretenue que vous prenez en direction du lac. Rejointe par un chemin balisé qui vient de la gauche, elle descend à droite en quelques lacets jusqu'au hameau des Vailhés que vous traversez à la descente pour rejoindre les bords du lac. Continuez à droite jusqu'au point de départ.

En faire moins

Ce circuit peut être réduit à tout ou partie de celui balisé en jaune si vous le faites avec des enfants en bas âge.

RUFFES ET CAPITELLES

Ces ruffes sont des grès très fins, chargés en oxydes de fer accumulés dans le bassin du Lodévois à la fin de l'ère primaire. À la grande originalité de ces sols, s'ajoute une étonnante destinée géologique de l'ensemble de la région. Visibles sur les contreforts du plateau de l'Auverne, des orgues basaltiques témoignent d'un volcanisme passé, confirmé par d'autres indices tels les necks et les dykes de basalte émergeant des ruffes en face d'Octon, tout comme les pierres arrondies noires qui jonchent le sol le long de notre chemin au bord du lac.

Ces pierres, plus solides que les tendres ruffes, ont été utilisées pour la construction, notamment celle des capitelles, ces cabanes en pierre sèche que notre itinéraire croise à plusieurs reprises: une première fois avec la baraque dite « du facteur » selon un papier qui y est déposé. Il nous apprend que le facteur du secteur y cuvait son vin, au début du xxe siècle, laissant aux habitants du coin (le lac n'existait pas encore) le soin de prendre dans sa sacoche, laissée à l'extérieur, le courrier qui leur était destiné. Vérité ou légende? Nous n'avons pas trouvé ailleurs trace de cette plaisante anecdote. Plus imposante est la grande capitelle du plateau de l'Auverne qui veille sur un environnement de vignes sous le regard du mont Saint-Baudille. Faut-il préciser que ces constructions en pierre sèche sont fragiles et qu'il est absolument proscrit de les toucher ou de leur grimper dessus? Plus surprenant, sur le parcours, des sculptures en basalte, laissées là par leur créateur.

8

SAINT-JEAN-DE-BUÈGES SAINT-GUILHEM-LE-DÉSERT

DES ESCAPADES INSPIRÉES

Saint-Guilhem-le-Désert est resté mystique depuis l'arrivée du petit-fils de Charles Martel et cousin germain de Charlemagne Guilhem d'Orange. En l'an 800, celui-ci se retire du monde et s'isole au val de Gellone, qu'il qualifie de «désert». Ce joyau de l'art roman qu'est l'abbaye de Gellone abrite toujours les reliques de l'ermite et, dit-on, des fragments de la vraie croix du Christ. Dès l'an mil, le site est une étape spirituelle sur les chemins de Saint-Jacques-de-Compostelle. Aujourd'hui encore, la dévotion se poursuit avec des pèlerins qui circulent en nombre sur cette Via Tolosana et passent à Saint-Guilhem, également inscrit au Patrimoine Mondial de l'Unesco. À quelques kilomètres, au pied du roc Tras Castel, le village médiéval de Saint-Jean-de-Buèges est un autre bijou de ce cœur d'Hérault depuis longtemps terre de refuge. Comme en écho à la beauté paisible de ces sites, les gorges de l'Hérault, de la Buèges, du Verdus sont des sites naturels rares qui donnent à ces lieux un sentiment de bout du monde, version paradisiaque. On ne peut randonner sous ces cieux sans un sentiment de forte spiritualité face à tant de beauté des éléments.

Ci-dessus : barrage sur l'Hérault (rando n°1).
Page de droite: l'abbaye de Gellone, à Saint-Guilhem-le-Désert.
© François Ribard

PRATIQUE

Quand venir

■ Toute l'année. Saint-Guilhem est victime de surfréquentation. Évitez la haute saison et les « ponts » du printemps !

Y aller

■ **En voiture :** depuis Montpellier ou Lyon, à Montpellier prendre l'autoroute A75 en direction de Millau. Prendre la sortie 10 vers Canet/Gignac. Puis prendre la D32, vers la route de Pézenas. Continuer jusqu'à Saint-Guilhem.

■ Depuis Toulouse, prendre l'A61 direction Narbonne/Montpellier. À Béziers, prendre la sortie en direction de l'A75. À Saint-Félix-de-Lodez, prendre la sortie 10 et quitter l'A750. Puis prendre la D32, vers la route de Pézenas. Continuer jusqu'à Saint-Guilhem.

■ **En transports en commun :** depuis Montpellier (départ station Mosson), les bus d'Hérault Transport desservent Aniane puis Saint-Guilhem-le-Désert par la ligne 668 et poursuivent jusqu'à Clermont-l'Hérault.

Sur place

■ À partir d'avril certains jours puis tous les jours en été, des navettes gratuites sont assurées entre Saint-Guilhem et la Maison du Grand Site, près du Pont du Diable. Depuis cet arrêt, une autre navette dessert Saint-Jean-de-Fos.

Se loger

■ **Le Diablotin à Saint-Jean-de-Fos :** gîte de 28 lits (4 chambres et 3 dortoirs) écoresponsable dans une maison médiévale du village réhabilitée en 2020. 07 79 88 93 87.

■ **La Taverne de l'Escuelle à Saint-Guilhem :** un hôtel-restaurant de 6 chambres à l'entrée du village. Le restaurant propose une cuisine régionale. 04 67 57 72 05.

■ **Camping Paradis Hérault à Gignac :** un petit camping accueillant caravanes et mobile-homes, ouvert du 18 avril au 14 septembre 2025. 06 46 25 91 60.

■ **Auberge de la Vallée :** à l'entrée de **Saint-Jean-de-Buèges**, trois chambres d'hôtes (de 2 à 6 personnes) simples et agréables et une table d'hôtes proposant une cuisine française revisitée. 04 67 73 12 79.

■ **Camping Le Val d'Hérault à Brissac :** un camping en bord de rivière avec mobile-homes et chalets. 04 67 73 72 29.

8 SAINT-JEAN-DE-BUÈGES • SAINT-GUILHEM-LE-DÉSERT

Sur le chemin du cirque de l'Infernet (rando n°2).

Envie d'autres expériences ?

■ Au cœur de la vallée de l'Hérault sur la commune d'Aniane, **Accrodiable Aventure** propose 8 parcours dans une forêt verdoyante. **Tyroliennes, ponts de singe, voiturette, surf,** ou encore **slackline**, sont accessibles à partir de l'âge de 3 ans. Ouvert d'avril à novembre. 07 69 67 68 97.

■ À trois kilomètres au-dessus de Saint-Guilhem-le-Désert, la **base nautique Canoë Borg** propose la location de canoës-kayaks et de stand-up paddles pour une descente des gorges de l'Hérault sur 6 à 14 km. 06 95 27 31 20.

COUP DE CŒUR

■ Depuis Saint-Guilhem-le-Désert, la randonnée du Chemin des Moines permet de découvrir le décor majestueux et sauvage du vallon du Verdus et du cirque de l'Infernet. Le plateau de Max-Nègre, à 548 m, offre un magnifique panorama sur la région.

■ À Aniane, Trace Aventure organise de l'**escalade** dans le massif de Saint-Guilhem mais aussi du **canyoning**, etc. 06 79 04 14 31.

ENVIE D'AUTRES BALADES ?

■ Au départ du Domaine départemental des Lavagnes entre Montpeyroux et Arboras, cette randonnée familiale permet de partir à la découverte des piochs de la Séranne, avec de jolies vues sur le massif.

■ À la sortie de Saint-Guilhem sur la route du Causse-de-la-Selle, la randonnée du Roc de la Vigne offre de superbes points de vue sur le pic Saint-Loup et l'Hortus, le causse de la Selle. Descente par L'Estagnol et en surplomb des gorges de l'Hérault.

■ Depuis le village de Saint-Jean-de-Buèges, superbe randonnée sur le plateau puis jusqu'au cirque de la Séranne et aux sources de la Buèges.

■ Au départ de Saint-Jean-de-Buèges, petite randonnée (1 h) de la Bau en passant près du château de Baulx, le pont La Bau et le Moulin à eau du Capitaine, le long de la Buèges.

À VOIR / À FAIRE

- Joyau de l'art roman, l'abbaye de Gellone à Saint-Guilhem-le-Désert a été fondée au début du IXe siècle. Situé sur le chemin de Saint-Jacques, il ne reste du monastère que le réfectoire et l'église, accessible tous les jours. Visite gratuite.
- Les vins de la région d'Aniane font partie des meilleurs crus du Languedoc. Le mas de Daumas Gassac organise des visites de son domaine viticole avec dégustation. 04 67 57 71 28.
- Située sur la commune de Saint-Jean-de-Fos, la grotte de Clamouse possède l'un des réseaux souterrains les plus étendus du sud du Massif central. Elle recèle de nombreuses concrétions et on peut également y pratiquer des parcours spéléo ! 04 67 57 71 05.
- À Aniane, la chapelle des Pénitents Blancs fut la résidence d'une confrérie religieuse jusqu'au début de XXe siècle. C'est désormais un lieu d'exposition permanente et de concerts, qui permet aussi de découvrir le centre historique d'Aniane. 04 67 57 01 40.

ASTUCE RANDO

En randonnée, je pense à boire de l'eau très régulièrement et avant d'avoir soif, car cette sensation indique que je suis déjà déshydraté. Boire suffisamment permet à mon corps de mieux gérer l'effort et de profiter pleinement de l'instant. Penser à s'équiper avec suffisamment d'eau, car il n'y a pas de points d'eau sur la plupart des parcours de ce secteur.

Ci-dessus : **la descente traverse des secteurs de dalles et de lapiaz (rando n°4).**
Ci-dessous : **La Buèges (rando n°3).**

8 SAINT-JEAN-DE-BUÈGES • SAINT-GUILHEM-LE-DÉSERT

Rando n°1

Dans les pas des pèlerins de Saint-Jacques

ITINÉRAIRE
9,8 km
3h30
550 m+

Au cœur du cirque de l'Infernet, quel spectacle vous offre cette randonnée qui s'élève depuis le platane séculaire du village dans les pas des pèlerins se rendant à Saint-Jacques de Compostelle par le chemin d'Arles! Une balade autant pour les yeux que pour les mollets.

Le pont du Diable.

Départ : Saint-Guilhem-le-Désert, place de la Liberté.
Difficulté : un peu de dénivelé.
Période : toute l'année.

Itinéraire

Dos à l'abbatiale, passer devant le platane séculaire et s'élancer dans la rue du Bout-du-Monde qui s'éloigne du village. À la division de chemins balisés, rester à gauche 1 le long du Verdus. Passer le pont submersible. Poursuivre sur le chemin à gauche qui sur 1 km s'élève de boucle en boucle tout en vous offrant de jolis points de vue. Au départ de la falaise de Brissonne 2, laisser filer à gauche le GR®653. Poursuivre face à vous sur le GR®74 qui s'oriente vers le Larzac. Déboucher aux Fenestrelles, splendide ouvrage médiéval édifié au XVIIIe siècle par les moines de l'abbaye de Gellone. Le chemin qui grimpe encore sur quelques mètres, redescend bientôt ver s le fond du vallon de la Font de Paulier. Ignorer le chemin du col de la Candelle à droite 3 pour suivre à gauche le sentier qui s'élève dans la combe. Au sommet, emprunter à gauche la piste forestière sur 600 m. Dans la courbe à droite, prendre à gauche le sentier qui grimpe jusqu'au point de vue du mas Nègre 4. Panorama sur le val du Verdus, la vallée de l'Hérault et les monts de Saint-Guilhem. Prolonger par le chemin à droite. À l'intersection 5, bifurquer à gauche et se laisser descendre à travers la forêt domaniale pour retrouver le chemin de l'aller. Obliquer à droite pour revenir à la place de la Liberté et visiter le charmant village de Saint-Guilhem-le-Désert et son abbaye.

Rando n°2

Circuit de Saint-Guilhem

Évidemment, vous ne pourrez pas reprocher aux visiteurs d'avoir aussi bon goût que vous! Car avec 800 000 visiteurs par an, le Grand Site de Saint-Guilhem-le-Désert – Gorges de l'Hérault est un haut lieu touristique du département. «À voir absolument» comme on dit dans les guides mais vous ne le regretterez pas. Même si la visite du village, surfréquenté en été, avec son accumulation d'échoppes à touristes, peut avoir perdu l'essentiel du charme qu'on peut encore lui trouver hors vacances, la découverte des hautes terres qui le prolongent est une source renouvelée d'éblouissements paysagers. Printemps et automne sont des saisons magiques tant la richesse de la flore est attrayante. Mais la nature sempervirente de la végétation fait aussi des monts de Saint-Guilhem un terrain de découverte tout à fait indiqué en hiver.
Au-delà de l'abbaye et du village, la présence monacale est récurrente et notre itinéraire s'attache à la découvrir. Pour preuve, cet étonnant chemin des Fenestrettes (parfois écrit Fenestrelles), construit au XVIIIe siècle par les moines, pour franchir le formidable cirque rocheux de l'Infernet et relier l'abbaye au Larzac. Autre implantation remarquable, l'ermitage Notre-Dame-de-Lieu-Plaisant (ou de Belle-Grâce), paisiblement adossé au pied d'une falaise du massif dolomitique du Ginestet.

Départ : Saint-Guilhem-le-Désert (parkings en bas ou en haut du village, payants en saison). En été, vous pouvez également stationner au parking du Grand Site près du pont du Diable et profiter des navettes gratuites qui mènent à Saint-Guilhem.
Difficulté : moyenne. Circuit accessible aux familles malgré une certaine longueur. Pas de source sur le circuit.
Période : toute l'année.

Itinéraire

Rendez-vous au sommet de ce village-rue, en direction des Fenestrettes pour démarrer véritablement la randonnée. Vous suivez le balisage rouge et blanc (et accessoirement l'odeur de miel des fleurs de salsepareille et les fruits des arbousiers, en automne…) en prenant le sentier qui grimpe à gauche au pied d'une falaise. Après 30 min, laissez partir un sentier à gauche ❶ pour continuer en direction du fond du cirque, en passant au pied de falaises somptueuses où s'accrochent quelques boules de genévriers de Phénicie. Vous parvenez au superbe passage des Fenestrettes qui vous hisse au-dessus des falaises du Bout-du-Monde. Le sentier redescend alors tranquillement gagner le bord du Verdus généralement à sec. Parvenus à une fourche, continuez tout droit (branche de droite) dans la vallée, en suivant le balisage rouge et blanc. À une seconde fourche, 2 min plus tard, continuez sur la branche de gauche en suivant le sens de la vallée, dans une forêt alluviale qui laisse échapper de beaux rochers dolomitiques. Le sentier passe une

8 SAINT-JEAN-DE-BUÈGES SAINT-GUILHEM-LE-DÉSERT

Dans les Fenestrettes.

ITINÉRAIRE
13 km
4h30
540 m+

barrière et parvient à une piste carrossable balisée par les poteaux verts du département de l'Hérault. Prenez à droite (vers le nord-est) pour remonter ce large chemin bordé de pins, de romarin et de bruyère multiflore, dans un paysage dolomitique étonnant.
Après 25 min, vous parvenez à une fourche 2 quand la piste que vous suivez fait un virage marqué à droite, avec deux panneaux indiquant les citernes de Défense Forestière Contre l'Incendie (DFCI) et un poteau vert (balisage de l'Hérault avec balise VTT). Prenez la piste qui descend à gauche traverser un thalweg puis remonte sur le coteau (ne suivez pas le chemin qui longe le fond du thalweg). Vous passez près d'une citerne puis gagnez un collet avant de redescendre dans une vallée en suivant toujours cette piste principale. Devant vous, la montagne de la Séranne.
Après avoir passé le fond de vallée, le chemin s'oriente au nord-est en longeant des terrains plus frais et humides, témoignant de la proximité de sources. 15 à 20 min après le croisement où figuraient les panneaux DFCI, vous parvenez à une barrière 3. À proximité, vous trouvez un panneau routier indiquant un cul-de-sac, dont le pied est couvert de balises en croix blanches-rouges, jaunes-rouges et jaunes. Vous quittez alors la piste bien tracée que vous remontiez, pour prendre, à droite, un ancien chemin carrossable très peu visible car très enherbé, qui démarre à plat. Rapidement le chemin devient plus tracé quoique gagné par le romarin. En 20 min, il atteint une voie forestière très marquée (balisée rouge et blanc). Prenez à droite durant moins de 10 min. Dans un virage à droite de cette piste, prenez à gauche le chemin balisé en jaune et en rouge et blanc en direction du cap du Ginestet 4, un petit col que vous ralliez rapidement (vue sur la Méditerranée).
Pour la suite, il vous suffit de suivre ce chemin bien tracé et agréable dans un superbe paysage de rochers ruiniformes auxquels s'accrochent les pins de Salzmann (variété méditerranéenne et rustique de pins noirs, qui ne se trouvent qu'en quelques stations du Languedoc-Roussillon). On comprend bien, dans un tel cadre, pourquoi on appelait « Sauta Rocs » (les saute-rochers), les habitants de Saint-Guilhem autrefois !
Vous passez devant l'ermitage Notre-Dame-du-Lieu-Plaisant puis continuez sur le chemin principal (en ne tenant pas compte des départs à droite et à gauche) jusqu'à déboucher au-dessus du village de Saint-Guilhem face aux ruines du château du Géant ou de Verdun (toponyme provenant de Verdus). Son accès est aujourd'hui interdit.

En faire moins

Avec des petits, vous pouvez vous contenter d'un aller-retour de 2 petites heures, le long du Verdus, jusqu'aux falaises du Bout-du-Monde.

Branche d'arbousier.

Rando n°3

Les berges de la Buèges

La découverte des gorges de la Buèges, dessinées dans un paysage de roche et d'eau, est un véritable ravissement pour le regard et un émerveillement pour toute la petite famille surtout au printemps quand la flore s'éveille.

Départ : Saint-Jean-de-Buèges, cave coopérative.
Difficulté : à éviter après de fortes pluies.
Période : toute l'année.

P'tit plus

- Balade dans les ruelles de Saint-Jean.
- Découverte de la source de la Buèges au Mejanel.
- Le village de Pégairolles-de-Buèges.

Itinéraire

Revenir vers le centre du village puis obliquer à gauche devant le pont de la place de la Condamine. Prolonger chemin du Quartier de la Terre. À la dernière maison, s'engager dans la descente à l'ombre du roc de Tras Castel. Bientôt l'asphalte laisse place à un chemin de terre qui s'alanguit entre les jardinets et les vergers. Devant la barrière 1, passer une partie bétonnée avant de suivre à gauche l'agréable sentier qui ondule au gré des anciennes terrasses. Traverser une chênaie. À chaque patte-d'oie, prendre la fourche de gauche (marques bleues). Par quelques trouées vous pouvez admirez la Buèges et ses eaux limpides. Après le passage des deux rochers et juste avant que le sentier se noie dans la rivière, remonter à gauche par une sente qui s'élève brusquement entre genévriers et romarins. À la jonction de piste, prendre à droite et se laisser descendre vers la vallée à l'ombre des chênes verts et blancs. Passer une barrière puis descendre à droite 2 pour enjamber la rivière sur le pont de Vareilles datant du XVe siècle. Après ce passage, la balade s'incline à droite pour suivre, comme un panneau vous l'indique, le sentier qui longe l'autre rive de la Buèges. À la rencontre d'une autre piste, prolonger à droite. À la grande patte-d'oie, rester à droite 3 pour contempler le cours d'eau. À la prochaine fourche, remonter sur la gauche puis, après le passage ombragé, rester à droite pour suivre la

Église de Saint-Jean-de-Buèges.

sente en balcon sur la rivière. Ignorer le sentier descendant pour longer la station de recyclage de l'eau et passer le gué. À la barrière 1, reprendre à gauche le chemin de l'aller.

ITINÉRAIRE
8 km
2h30
60 m+

8 SAINT-JEAN-DE-BUÈGES • SAINT-GUILHEM-LE-DÉSERT

Rando n°4

Peyre Martine

Véritable provocation à la randonnée, le cirque de la Séranne est un élégant amphithéâtre qui s'ouvre entre le roc de la Truque et les rochers de Peyre Martine, au-dessus du hameau du Méjanel et de l'admirable source de la Buèges.
Relié au Larzac méridional par la plaine du Coulet, le massif de la Séranne est une épaule montagneuse qui court du sud-ouest (mont Saint Baudille, 848 m) au nord-est (roc Blanc, 942 m) sur 20 km.
Il constitue une rupture paysagère remarquable entre les collines plissées des hautes garrigues nord-montpelliéraines et la grande masse tabulaire du causse du Larzac. Vue des deux vallées encaissées qui l'enserrent, celle de la Vis au nord-ouest et la Buèges, au sud-est, la Séranne dégage une impression «montagne» renforcée par ses falaises de calcaire blanc-grisâtre, constitué au jurassique.
Depuis trois millénaires, une activité agropastorale économe, sédentaire ou transhumante, respectueuse des ressources de son territoire a permis aux hommes de vivre sur cet âpre territoire, et de maintenir de vastes espaces ouverts, utilisés pour le pâturage de troupeaux et pour les cultures, générant une très riche biodiversité. L'empreinte humaine est omniprésente dans le paysage au travers d'un bâti disséminé dans des paysages étendus et un petit patrimoine remarquable (citernes, chemins caladés, murets, menhirs…) reflétant les activités, les croyances et les traditions des générations qui se sont succédé.

Départ : parking des sources de la Buèges en contrebas de Pégairolles-de-Buèges, sur la voie d'accès au hameau Le Méjanel.
Difficulté : moyenne. Quelques passages sur dalles et lapiaz, au début de la descente, doivent être négociés prudemment.
Période : toute l'année.

Boucle principale

Du parking, remontez brièvement la route vers le Méjanel pour prendre, à droite, la voie d'accès aux sources de la Buèges. Passez les tables de pique-nique et continuez sur le chemin. Vous gagnez vite une fourche. Prenez la voie de gauche qui monte dans la pierraille sous les chênes verts. Ignorez les départs de sentiers à droite. Bientôt cette piste vient buter contre un petit talus et se transforme en sentier qui débouche rapidement sur un chemin plus large et un carrefour 1.
Continuez devant vous, légèrement à gauche et à niveau, vers le nord-est. Vous êtes sur une piste, au bas d'une vigne. Elle devient goudronnée en remontant le long d'une oliveraie. Quand elle parvient à un croisement en T quasi sous une ligne électrique, prenez à gauche, à la montée. Plus haut, la petite route parvient à un Y en butant contre un mur de pierres. Prenez à droite. Vous passez sous la ligne électrique et continuez jusqu'à remonter le long d'une vigne sur un chemin plus

Une belle portion en balcon avec le pic Saint-Loup et l'Hortus en ligne de mire.

BOUCLE PRINCIPALE
10 km
3h45
610 m+

BOUCLE LONGUE
13,8 km
4h15
680 m+

raide et plus raviné que la piste où vous étiez. Au sommet de la vigne, vous êtes à un carrefour ❷.
Laissez les deux chemins les plus larges devant vous pour prendre immédiatement à droite, un sentier balisé bleu-rouge par des rubans adhésifs de couleur. Après 7 minutes entre de vieux murets et sous l'ombrage agréable des chênes verts, le sentier parvient à un Y (cairn). Prenez à gauche, à la montée, en suivant de vieux traits de peinture bleue. C'est un ancien chemin caladé, bordé de murets et de terrasses envahies par la forêt, qui monte jusqu'à un carrefour en T. Prenez à gauche en suivant le balisage jaune qui vous accompagnera désormais quasi jusqu'au terme de la randonnée, au Méjanel. Le sentier grimpe en lacets agréables bien que pierreux. En sortant du couvert végétal, il offre de superbes points de vue sur la falaise du Caylaret, sur Saint-Jean-de-Buèges et, au-delà, sur le pic Saint-Loup et l'Hortus. Après une portion en traversée, il gagne le plateau de la Séranne et navigue à plat, de clairière en clairière, entre les buis. Le sentier rejoint un chemin plus large que vous suivez à droite sur un peu plus de 100 m pour prendre, à gauche, un chemin qui mène à un pylône de la ligne électrique.
20 m avant le pylône ❸, empruntez, à gauche, le sentier balisé qui se glisse entre les buis et parvient aux abords du sommet de Peyre Martine en 20 minutes. Peu avant qu'il ne se mette à descendre, repérez un cairn à gauche. Il indique le départ d'une sente entre les buis qui vous mène rapidement au sommet ❹ où la vue est imprenable sur les grands espaces plutôt boisés de la Séranne et du Larzac, les falaises de Navacelles, le causse de Blandas ainsi que le rebord méridional des Cévennes. Côté sud, ce sont les monts de Saint-Guilhem, le pic Saint-Loup, et les étangs littoraux qui brillent au loin. Reprenez le sentier balisé pour une descente parfois acrobatique sur de grandes dalles calcaires et des lapiaz qui bordent le cirque de la Séranne. Puis le sentier s'apaise et parvient à un carrefour de chemins juste après une croix fichée sur un rocher à gauche ❺.
Quittez les balisages rouges-jaunes et bleus qui désormais filent vivre leur vie avec blanc-rouge (voir proposition « en faire plus »), pour suivre, à gauche, le sentier balisé en jaune qui descend en lacets pierreux dans le cirque. Plus bas, il passe entre deux murs de pierres massives, longeant les lacets d'une piste pour, finalement, la rejoindre en gagnant les premières maisons du hameau du Méjanel. Quittez le balisage jaune qui part à droite, pour descendre tout droit sur la rue de la Draille, au bas de laquelle, prenez à gauche puis à droite devant un portail, pour descendre le chemin caladé qui débouche sur la voie d'accès aux sources de la Buèges, près de votre point de départ.

Boucle longue

Au carrefour de chemins ❺, continuez sur le fil de la crête en suivant le balisage blanc-rouge jusqu'à passer près de la grotte Susterragne. Au carrefour de Mas Vieu, quittez les balisages précédents pour suivre à gauche, le sentier balisé en jaune qui descend dans la vallée, remonte à Pégairolles, puis descend à un calvaire au pied du village. Continuer tout droit sur le chemin caladé qui mène au Méjanel. Descendez au bas de la rue de la draille pour trouver le chemin qui descend au parking.

9

CAROUX VALLÉE DE L'ORB

LE TOIT DU LANGUEDOC

Entre grand Orb, massif du Caroux, gorges d'Héric, le Haut Languedoc est l'un des derniers territoires ruraux du département de l'Hérault. Depuis Bédarieux jusqu'à Olargues, c'est une palette de paysages aux mille facettes, insérée dans le Parc naturel régional du Haut Languedoc créé en 1973 pour protéger l'ultime façade sud-ouest du Massif central. Les belles arêtes rocheuses soumises à un climat rugueux offrent des panoramas époustouflants, abris salutaires de chevreuils, sangliers, aigles de Bonelli, hiboux grand-duc et mouflons. Mais les forêts de saules, de frênes, de trembles et de noisetiers, d'arbousiers et de cistes de ces territoires de grandes solitudes annoncent également les prémices de la Méditerranée à quelques dizaines de kilomètres à vol d'oiseau. Une région à la richesse rare, à la beauté dure et pure, dans laquelle s'insèrent des villages médiévaux tels Olargues ou Colombières-sur-Orb comme sortis du temps, que l'on ne se lasse pas de découvrir au cours de randonnées aussi nombreuses que variées.

Ci-dessus : Douch (randos n°1 et 2).

Page de droite: dans la hêtraie près du refuge de Font Salesse (rando n°2).

PRATIQUE

Quand venir

■ Toute l'année.

Y aller

■ **En voiture :** depuis Montpellier ou Lyon, à Montpellier prendre l'autoroute A75 en direction de Millau. À Saint-Félix-de-Lodez, prendre la sortie 10 et quitter l'A 750. Prendre la sortie 57 et s'engager vers la D2 route de Canet, puis la D909D en direction de Clermont-l'Hérault/Bédarieux. Après Hérépian, suivre Lamalou et sortir sur la D22.

■ Depuis Toulouse, prendre l'A61 direction Narbonne/Montpellier. À Béziers, prendre la sortie 36 vers Valras-plage/Vendres, puis emprunter la D64. À la sortie de la rocade de Béziers, prendre la D909 route de Bédarieux. Suivre la D909 jusqu'à La Caumette puis continuer sur la D909A direction Hérépian. De là, emprunter la D908 direction Lamalou-les-Bains.

■ **En transports en commun :** depuis Montpellier (départ station Mosson), les bus d'Hérault Transport 663 et 685 desservent Bédarieux, Hérépian, Lamalou-les-Bains et poursuivent jusqu'à Olargues et au-delà.

Sur place

■ Pas de navettes. Mais les bus 663 et 685 desservent les communes des hauts cantons de l'Hérault jusqu'à Saint-Pons-de-Thomières.

Se loger

■ **Hôtel-restaurant Galimar :** disposant de 23 chambres dans le centre de Lamalou-les-Bains, l'établissement comprend également un restaurant. 04 67 95 22 99.

■ Sur la commune de Les Aires, le **Domaine de Gatinié** dispose d'un camping de 5 hectares avec des emplacements pour tentes, mobile-homes, caravanes. 04 67 95 71 95.

■ La commune de Lamalou dispose d'un camping municipal spécialisé pour les camping-cars et caravanes autonomes. 01 83 64 69 21.

■ **À Saint-Gervais-sur-Mare, l'Ortensia** est un hôtel-restaurant de 5 chambres confortables dans un lieu atypique. Très bon restaurant avec très agréable terrasse. 04 99 42 00 91.

■ **À Hérépian, le gîte « Des lits sur la place »** propose 5 chambres d'hôtes au cœur du village avec une jolie décoration. Les gérants tiennent également le restaurant l'Ocre Rouge. 06 41 61 43 44.

9 CAROUX • VALLÉE DE L'ORB

Envie d'autres expériences?

■ Vélo Caroux à Mons-la-Trivalle propose la location de **VTT et VTC** musculaires ou électriques, mais organise également des stages de VTT. Ouvert 7/7 de juin à septembre, le dimanche sur réservation hors saison. 04 67 97 64 42

■ À Saint-Martin de l'Arçon, le parc d'aventures **Arbracadabranche** propose 7 parcours d'accrobranche dans les montagnes du Caroux, au sein du Parc naturel régional du Haut Languedoc. Attention, pas de CB. 06 04 18 68 45.

■ Le **golf de Lamalou-les-Bains** propose un petit parcours de 9 trous, agréable à jouer. Le club-house dispose d'une terrasse panoramique ensoleillée. 04 67 95 08 47.

■ Canoë Tarassac propose à Mons-la-Trivalle la location de **canoës** sur des parcours de 5 à 21 km pour descendre les rapides de l'Orb. 04 67 97 74 64.

La table d'orientation du Caroux (rando n°1).

À VOIR / À FAIRE

■ À Hérépian, le musée de la Cloche et de la sonnaille est un superbe espace dédié à l'art campanaire. Les salles exposent la fabrication et l'usage des sonnailles ainsi que la symbolique et la musicalité des cloches. Sans oublier les techniques de fabrication de cloches d'église. Un musée où l'on peut toucher! 04 67 95 39 95.

■ Dans cette ancienne région minière, l'espace muséographique « Les lumières de la Mine » au Bousquet-d'Orb met en scène une collection de rares lampes de mineurs. Ouvert en été, ou sur réservation à la Maison cévenole. 04 67 23 68 88.

■ Ancienne cité médiévale, Saint-Gervais-sur-Mare conserve de nombreux vestiges de son passé et des métiers d'antan. La Maison cévenole des Arts et Traditions Populaires possède une collection d'objets artisanaux et du quotidien. 04 67 23 68 88.

■ Surplombant l'Orb, le Jardin Méditerranéen de Roquebrun propose un circuit botanique de 4 000 plantes et 400 espèces. 04 67 89 55 29.

■ À La Salvetat, voilà plus d'un siècle que la famille Cabrol pratique l'art de la charcuterie traditionnelle du Haut Languedoc. Leurs pâtés, saucisses, saucissons, jambons sont un must de cette charcuterie. 04 67 97 61 97.

ASTUCE RANDO

Les randonnées vers le Caroux ou les gorges d'Héric sont assez sportives. Prévoir donc un équipement adapté et de quoi s'hydrater.

COUP DE CŒUR

■ Au départ de Saint-Gervais-sur-Mare, superbe randonnée vers le Serre de More en arpentant les sous-bois et en suivant la crête du Serre de Majous. Avec de superbes panoramas et un point sublime donnant sur la montagne du Marcou, le massif du Mendic et la haute vallée du Casselouvre.

ENVIE D'AUTRES BALADES ?

■ Bordant la station de Lamalou-les-Bains, la forêt de l'Usclade, sillonnée de plusieurs sentiers de randonnée, permet de se promener à l'ombre des pins.

■ Près de Rosis, depuis le col des Avels, très belle randonnée de 5 heures sur le balcon des gorges de Colombières-sur-Orb. Après le col de Baume-Roucayrol, superbes panoramas sur une partie du massif et du département.

■ Depuis la Tour-sur-Orb, randonnée plaisante de moins de 2 heures le long de l'Orb jusqu'au Mas Blanc et retour par l'autre rive.

■ Depuis Boussages, promenade sur les hauteurs du village médiéval entre les vignes et les anciennes cultures en terrasse, au pied du Mont Coudour.

Ci-dessus : **le hameau d'Héric (rando n°2).**
Ci-dessous : **les gorges d'Héric.**
© Wikimedia Commons / Christian Ferrer

9 CAROUX • VALLÉE DE L'ORB

BOUCLE PRINCIPALE
8,8 km
2h40
300 m+

VERSION COURTE
6,8 km
2h00
240 m+

Rando n°1

La table d'orientation du Caroux

Le massif du Caroux-Espinouse qui barre tout l'horizon nord de la plaine biterroise est reconnaissable de loin. Sa silhouette caractéristique de plateau trapu entouré de parois abruptes se détache des ondulations tourmentées des montagnes environnantes. S'appuyant au nord sur le sommet de l'Espinouse, la montagne du Caroux proprement dite est délimitée à l'ouest par les profondes gorges d'Héric et à l'est par celles tout aussi sauvages de Colombières. Au sud, elle plonge sur les vallées de l'Orb et du Jaur qui se rejoignent à son pied. Son sommet quasi plat, recouvert de landes à bruyère callune, est parsemé de vastes zones de tourbières et ses flancs rocheux escarpés ressemblent par endroits à la montagne corse. Culminant à 1 090 m d'altitude, le site du Caroux qui se situe à la limite des climats méditerranéens et océaniques recèle un biotope unique et varié.

Départ : hameau de Douch.
Accès : depuis Lamalou-les-Bains, prenez la D908 en direction d'Olargues et Saint-Pons-de-Thomières. Juste avant la sortie du Poujol-sur-Orb, bifurquez à droite sur la petite D180 en direction de Combes et Rosis par la forêt des Écrivains Combattants. 1,8 km après Rosis, bifurquez à gauche vers Douch. Garez votre véhicule au départ d'une piste remontant en épingle à cheveux à gauche juste avant d'arriver au hameau de Douch.
Difficulté : aucune.
Période : mi-saison, été.
Conseil : restez discrets pour espérer voir des mouflons.

Boucle principale

Rejoignez la placette du hameau, au terminus de la route. Suivant le balisage du PR®2 et du GR®7, montez à gauche sur le chemin le long d'un ruisseau et, un peu plus loin, encore à gauche droit dans la pente en direction de la forêt de hêtres. Après cette relativement courte grimpette dans les bois, vous débouchez à découvert dans les vastes landes à bruyère callune du plateau du Caroux et vous arrivez à un croisement signalé par un gros cairn.

1 Laissant les PR® et GR® filer tout droit, bifurquez à droite. Ce bon chemin d'exploitation file d'abord vers l'ouest, puis revient vers le sud en s'approchant des falaises qui dominent les gorges d'Héric. Plusieurs petits sentiers à droite permettent de gagner de splendides belvédères dans les rochers. Par temps clair, la vue porte jusqu'à la chaîne des Pyrénées. Arrivé au bout du chemin d'exploitation, vous trouvez une patte-d'oie de plusieurs cheminements. Empruntez celui très caillouteux qui descend à gauche vers le ruisseau du Tort, au fond du vallon.

Tapis de bruyère callune au pied du roc du Caroux.

❷ Après avoir traversé le ruisseau à gué, la suite de l'itinéraire est légèrement sur la gauche, derrière le bosquet de pins ; vous remontez pour rejoindre un nouveau belvédère remarquable dans les rochers qui bordent à droite du sentier le plo de la Maurelle.
Un peu plus loin, vous arrivez à un replat signalé par un cairn. Ignorant tous les petits sentiers secondaires, poursuivez sur le chemin principal qui s'incurve à gauche dans les bois. Vous rejoignez alors rapidement le refuge forestier de Font Salesse (refuge ouvert non gardé ; laissez les lieux propres).
Continuez tout droit sur la piste de service. Suivant les balises jaunes du PR®, la quitter à la fourche qui suit pour continuer sur le sentier qui revient à droite vers le sud. Cheminant dans la lande à bruyère parsemée de pins, vous gagnez la corniche sud du Caroux. Ignorant tous les cheminements sur la gauche, vous restez en bordure pour rejoindre la table d'orientation édifiée à droite sur un promontoire rocheux.
Après une halte pour admirer le superbe point de vue, vous trouverez la suite de l'itinéraire balisé en jaune qui s'écarte un instant vers l'est, puis revient dans les pins pour rejoindre le large chemin d'accès direct. Empruntez-le sur 700 m, tout droit vers le nord. Après un croisement repéré par deux rochers sur la piste, vous arrivez à un important carrefour.

❸ Suivez le chemin en oblique le plus à droite, dans les bois. Sortez peu à peu à découvert et cheminez un moment dans une vaste lande avant d'arriver dans une légère dépression occupée par une belle tourbière. Un pittoresque cheminement en caillebotis assortis de panneaux pédagogiques permet de la traverser à pied sec. Ignorant un peu plus loin un croisement de piste, poursuivez sur le chemin qui remonte dans les genêts à balais vers un point haut.
❹ Abandonnant la piste qui file tout droit vers l'est, bifurquez à gauche en suivant les balises jaunes du PR® sur un sentier qui remonte à gauche à angle droit. Vous ralliez alors, isolé dans la lande, l'énorme cairn qui matérialise le sommet du Caroux. Redescendez ensuite vers un col évasé.
❺ Débouchez sur une large piste de service DFCI que vous descendez à droite sur 2 km en faisant deux épingles à cheveux pour rejoindre le parking.

Version courte

De la table d'orientation, revenez sur vos pas jusqu'au refuge de Font Salesse. Partez plein nord sur 1,2 km et retrouvez le point ❶.

LES MOUFLONS DU CAROUX

C'est dans ce massif sauvage qu'en 1956 a été introduit un groupe de mouflons de Corse (dix femelles et neuf mâles). L'environnement particulièrement bien adapté a favorisé leur rapide acclimatation. Cette espèce montagnarde a si bien proliféré qu'il est pratiquement impossible de ne pas en rencontrer. Un plan de gestion a dû être mis en place pour maintenir la population autour des mille individus. Les mâles sont pourvus de superbes cornes enroulées dont la taille est proportionnelle à l'âge de l'animal. Les femelles, parfois elles aussi cornues, se reconnaissent surtout à leur masque facial clair. Les mouflons se déplacent en hardes en milieu ouvert mais à la saison chaude ils se tiennent au frais dans les bois et ne sont visibles que le soir au crépuscule ou tôt le matin.

9 CAROUX • VALLÉE DE L'ORB

Rando n°2

Des gorges d'Héric au Caroux

ITINÉRAIRE
15,2 km
5h30
990 m+

Attention chef-d'œuvre ! Rien d'étonnant à ce que les gorges d'Héric constituent un site phare du département et il y a des chances pour que vous ne soyez pas seul lors de la descente le long de la petite route qui serpente au fond des gorges. Nous sommes donc dans le Parc naturel régional du Haut Languedoc, au cœur d'un site classé. Nous sommes au royaume de la roche, omniprésente, qui dessine, borne et cloisonne falaises, gorges et plateaux. C'est le royaume des fameux orthogneiss du Caroux, granites métamorphisés lors de la surrection de la montagne Noire à l'ère primaire. L'orogénèse pyrénéenne puis alpine, à l'ère tertiaire, a soulevé ce socle rocheux à plus de 1 000 mètres. L'érosion a fait le reste.
Le plus surprenant, dans cet univers minéral, est peut-être l'abondance et la richesse de la végétation. De la végétation des bords de cours d'eau (frênes, aulnes…) on passe rapidement à la forêt de chênes verts, avec son cortège de cistes, d'arbousiers, de fragons… Puis les pentes boisées de châtaigniers rappellent l'importance de cet « arbre à pain » pour les communautés montagnardes. Enfin le hêtre prospère dans les secteurs plus élevés où le taux d'humidité de l'air est suffisant pour le faire croître. La traversée du plateau du Caroux, elle, se passe dans des landes à bruyère, à genêts ou à fougères.

Départ : parking des gorges d'Héric.
Point de départ : 15 km à l'ouest de Lamalou-les-Bains. De Mons-La-Trivalle, suivez la direction des gorges d'Héric jusqu'au parking (payant en saison).
Difficulté : pour bons marcheurs.
Période : mi-saison, été.

Itinéraire

Du parking remontez le sentier des gorges pendant près de 400 m puis prenez à droite un chemin qui vous emmène au pont en béton dit « des soupirs » ❶. Celui-ci ne transporte aucun prisonnier (au contraire du célèbre pont de Venise), mais vous avertit des efforts que vous aurez à fournir pour grimper sur les hauteurs. De fait, le chemin des Gardes, tout balisé de jaune (mais aussi de rouge, voire de bleu…), s'attaque hardiment à la pente sur un sol rocheux (les fameux orthogneiss du Caroux), parfois équipé de volées de marches dont vos mollets garderont un souvenir ému. Restez toutefois sur le chemin principal balisé de jaune, qui grimpe – Dieu merci – dans un sous-bois de chênes verts, vous évitant une suée abondante. Vous parvenez au col de Bertouyre et, après quelques minutes, vous gagnez un croisement ❷.
Quittez le balisage jaune qui descend à droite pour continuer à gauche, sur le chemin qui monte

Les falaises dominant les gorges d'Héric.

en direction de Font-Salesse. Agréablement tracé et balisé de cairns, il grimpe en lacet jusqu'à sortir de la forêt, au bas des falaises bordant le Caroux où l'on peut discerner la table d'orientation ceinte de grilles, accrochée au-dessus du vide. En suivant les cairns, vous traversez un bosquet d'érables de Montpellier avant de grimper dans des pentes plus raides pour gagner les contreforts du sommet dans une belle ambiance rocheuse. Puis vous obliquez à droite, et, en suivant les cairns, vous traversez un secteur plus herbeux en remontant le haut d'un vallon puis en grimpant les derniers mètres avant le plateau ❸.

Vous gagnez une pinède et vous tournez à droite pour trouver un chemin balisé blanc-rouge. Continuez vers l'est en suivant le bord du Caroux jusqu'à la table d'orientation où vous ne serez probablement pas seul. Revenez sur le chemin que vous avez pris sur 250 mètres. À la fourche, ne prenez pas la voie de gauche par laquelle vous êtes arrivé mais continuez sur le sentier balisé jaune et blanc-rouge qui vous conduit en 10 min au refuge de Font-Salesse.

Quittez les balisages jaunes et blanc-rouge pour prendre à gauche, vers l'ouest, un chemin bien marqué qui vous mène au-dessus d'une vallée perchée. Obliquez à droite (nord-ouest) et descendez face à la forêt d'éoliennes de l'Espinouse dans une ambiance montagnarde extraordinaire. Parvenu en fond de vallée, le sentier traverse le ruisseau du Rieu Tort ❹ et remonte vers le nord. N'hésitez pas à vous rapprocher de l'épaule qui borde les gorges d'Héric sur une ou l'autre des sentes qui s'en rapprochent : la vision d'un groupe de mouflons est plus que probable.

Continuez sur le large chemin qui file vers le nord. Alors que vous parvenez au-dessus du versant nord du plateau et tandis que le chemin s'oriente durablement à l'est, prenez à gauche (cairn + points roses) ❺,

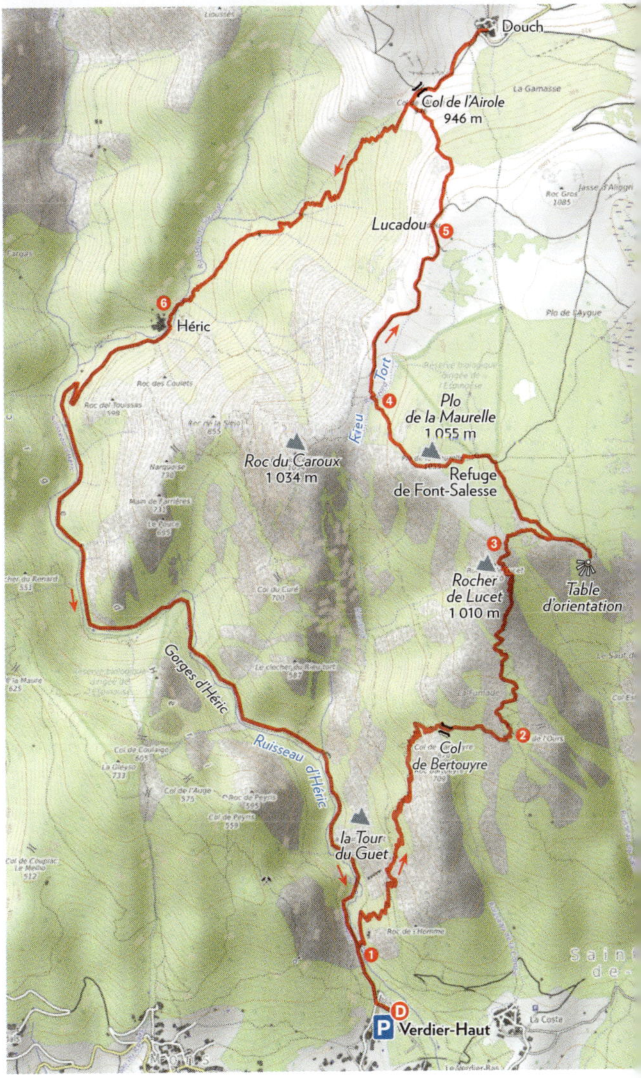

un sentier dans une lande à genêts parfois touffue, pour descendre au col de l'Airole. Si vous souhaitez faire le plein d'eau, et rendre visite au beau hameau de Douch cela ne vous prendra que 15 min de marche AR.

Revenu au col de l'Airole, basculez vers le sud-ouest en suivant le balisage blanc-rouge, sur un sentier dallé, somptueux à l'automne quand les hêtres et les châtaigniers revêtent leurs habits de lumière. Les mouflons sont fréquents dans ces sous-bois. Parvenu à Héric, quittez le balisage blanc-rouge pour prendre, à l'entrée du hameau ❻, la piste cimentée qui dessert le hameau. Seul moyen de découvrir les gorges en suivant le ruisseau d'Héric, ce béton sera vite oublié devant les points de vue merveilleux qui vous attendent. On peut même prévoir la trottinette – en se méfiant de l'affluence de randonneurs en été et durant les beaux week-ends – pour agrémenter cette heure et demie de descente.

Rando n°3

Le Montahut et la réserve du Caroux-Espinouse

ITINÉRAIRE
10 km
3h00
320 m+

La Réserve nationale de chasse et de faune sauvage du Caroux-Espinouse est un espace réservé à la faune sauvage et aux mouflons de Corse. Ces derniers font l'objet d'une gestion qui vise à entretenir leur population en bonne condition et à maintenir leurs effectifs compatibles avec le milieu naturel et les activités humaines. Cette réserve a été créée par l'Office national de la chasse et l'Office national des forêts à la demande des chasseurs et des protecteurs de la nature. Elle constitue un bel exemple de collaboration fructueuse. Outre la surveillance qui est assurée par les gardes, on y réalise des reprises de mouflons en vue d'acclimatation dans d'autres régions, des études sur le mouflon, le chevreuil et le sanglier, des stages de formation et quelques tirs afin d'éliminer les mouflons malades ou atypiques. L'accès de la réserve est réglementé pour assurer la tranquillité des animaux. Cette tranquillité est indispensable pour la bonne condition d'observation des scientifiques et aussi obtenir un bon rendement lors des reprises. Enfin, elle est une mesure de sécurité lorsque les tirs sont réalisés. La Réserve nationale de chasse et de faune sauvage n'est pas une chasse gardée : c'est un espace protégé dans l'intérêt du public qui fait partie du patrimoine naturel et culturel régional.

Départ : Saint-Pierre-de-l'Espinouse, aire de pique-nique.
Accès : de Lamalou-les-Bains, prenez la D 908 jusqu'à Olargues. Après le contournement du village, tournez à droite sur la D 14 pour monter en direction de Fraïsse-sur-Agout. Au col de Fontfroide, tournez à droite sur la D 53 vers Cambon. Dépassez le village et roulez encore 4,3 km en remontant la vallée de l'Agout. 800 m après le hameau d'Agoudet, tournez à droite sur la piste pour aller garer votre voiture sur l'aire de pique-nique forestière de Saint-Pierre-de-l'Espinouse.
Difficulté : aucune.
Période : mi-saison, été.
Remarque : en restant discret, possibilité de voir des animaux sauvages.

Itinéraire

Empruntez la piste principale qui, passé le pont, continue sur la gauche, puis vire à droite en montant au-dessus dans la forêt. En deux virages elle rejoint la route forestière de l'Espinouse au carrefour du Club Cévenol.

❶ Empruntez à droite, sur 1,2 km, cette large et confortable piste carrossable. Vous arrivez dans un virage à droite à un nouveau croisement flanqué d'un panneau d'information sur la réserve au voisinage du refuge des Bourdils.

❷ Laissant la piste à gauche à côté du panneau (votre retour) et celle qui descend à droite (retour au véhicule), prenez tout droit la piste qu'emprunte le GR®71, désignée par les pancartes « Refuge des Bourdils 300 m ».
Laissez très vite sur la droite le refuge (gardé de mai à septembre) et, ayant rejoint le GR®7, continuez sur le bon chemin forestier vers la gauche. À la fourche qui suit, prenez la branche de droite avec le GR®. Ignorant tous les chemins secondaires, vous progressez très agréablement sur 1 km dans la forêt de hêtres mêlés de conifères. La piste vire à gauche en shuntant le promontoire dit le Fort.

❸ Suivant le balisage du GR®, bifurquez tout de suite à droite sur un layon pour trouver aussitôt sur la gauche la suite de l'itinéraire sur un sentier descendant dans les bois. Avant de vous y engager, avancez sur 30 m pour découvrir depuis une dalle rocheuse un superbe panorama sur la vallée et sur la gauche le Montahut flanqué du roc d'Ourliades. Revenu au départ du sentier, descendez dans les bois en suivant bien les balises (feuilles masquant le chemin). Après deux épingles à cheveux, le sentier file à flanc et vient s'aiguiller sur un vieux chemin

Vestiges de l'ancienne église Saint-Pierre de l'Espinouse

que vous poursuivez à gauche en le remontant. Vous arrivez sur la crête à une croisée de chemins au voisinage de la citerne DFCI bicolore n° 281 (belle vue à droite et à gauche). Descendez à droite et rejoignez rapidement un autre croisement sur le petit col boisé de Montahut.

4 Bifurquez sur le chemin dans les arbres à droite. Au sortir des bois, il fait un virage à droite. Il faut alors continuer tout droit sur l'étroit sentier qui se faufile dans la lande à genêts en contournant le Montahut par la droite. Vous arrivez très vite à un petit promontoire. Là, un cheminement balisé de cairns monte sur la gauche pour en rejoindre un autre venant de droite sur un rognon rocheux. Continuez droit dans la pente pour gagner le sommet. De là-haut, très belle vue circulaire sur tous les environs, notamment le sud-ouest, par-dessus les avant-monts, jusqu'aux Pyrénées et à la mer. Redescendu au rognon rocheux, poursuivez à gauche le sentier qui descend en oblique vers un groupe de pins pour rejoindre le sentier principal au niveau d'un éperon rocheux (nouveau belvédère). Ayant retrouvé le balisage du GR®, descendez à gauche en revenant vers le nord sur le versant sud chaotique et aride du Montahut. Débouchez sur un coupe-feu rectiligne, pentu et caillouteux.

5 L'empruntant en descendant à droite, rejoignez le croisement d'une piste 150 m plus bas. Parvenu au point bas de la balade, abandonnez le GR®7 qui continue à descendre et bifurquez à gauche pour emprunter ce large et agréable chemin forestier (assez longue montée de retour). Après deux virages, il gagne le haut du ravin du Bartassou et le plateau. Marchant tout droit, ignorez tous les embranchements de pistes et retrouvez le carrefour des Bourdils en **2**.

Traversant la route forestière de l'Espinouse, descendez en face, tout droit dans la forêt sur la piste interdite à tous véhicules. Au premier virage à gauche : bifurquez à droite et poursuivez la descente sur un nouveau chemin herbeux. Après un large virage à gauche, vous arrivez à son terminus dans une clairière.

6 À cet endroit, il faut effectuer un court cheminement hors-piste dans la forêt en descendant légèrement en oblique vers le fond du talweg (vers le ruisseau). Progressant en restant une quarantaine de mètres au-dessus, entre conifères et hêtres éclaircis, ralliez facilement et rapidement un ancien chemin d'exploitation caillouteux qui dégringole sur la piste de Saint-Pierre passant en contrebas. Empruntant cette voie à droite, franchissez le ruisseau et rejoignez aussitôt l'aire de pique-nique et le parking en passant devant les beaux vestiges de l'ancienne église Saint-Pierre-de-l'Espinouse (XIIe siècle).

9 CAROUX • VALLÉE DE L'ORB

Rando n°4

Le château de Mercoirol et l'ermitage Saint-Michel

ITINÉRAIRE
7 km
3h00
250 m+

À 460 m d'altitude, le piton rocheux du site de Mercoirol fut probablement fortifié dès le IXe siècle, à la suite des invasions sarrasines, pour assurer la surveillance de l'ancienne voie romaine du passage de Ramat.
En 990, le château appartient à Guillaume, vicomte de Béziers. Sa fille Garsinde, épouse du comte Raymond Ier de Carcassonne, et son fils en héritent successivement. En 1112, il devient la propriété du vicomte de Narbonne. La légende raconte que la forteresse fut démantelée par Simon de Montfort lors de la croisade contre les Albigeois, mais aucun texte ne le confirme. En 1247, le château de Mercoirol passe à la couronne de France et, en 1560, les Thezan Poujols, maîtres des lieux, étant catholiques proches du roi, le château est détruit par les huguenots. La Révolution acheva sa ruine, mais la chapelle attenante proche du donjon fut cependant reconstruite au XVIIe siècle. Elle était servie par les chapelains du Poujol et des Abès. Elle dépend aujourd'hui du village des Aires dans l'église duquel son ancien autel sert de bénitier. Les fidèles de tous les environs y montent en pèlerinage le 8 mai.

Départ : Les Aires.
Accès : depuis Lamalou-les-Bains, au rond-point de la D908, prenez la D221E1 en face, traversez l'Orb, et poursuivez à gauche sur 1,5 km pour rejoindre les Aires. Se garer sur le parking à droite de la route en contrebas du village.
Difficulté : aucune.
Période : toute l'année.

Itinéraire

Traversez la route et trouvez sur la gauche le cheminement piéton qui monte vers la mairie. Tournez à droite puis tout de suite à gauche pour sortir du village par le chemin de la Bernaude qui se dirige vers le sud pour rejoindre le vallon. Vous apercevez la chapelle Saint-Michel sur la crête. Arrivé à une patte-d'oie, au niveau d'un petit calvaire, laissant la voie sans issue qui monte en face et l'accès à une propriété à droite, vous poursuivez sur la piste du milieu.
Cheminez un bon kilomètre par le fond du profond vallon, puis, la piste ayant fait un large virage à droite, élevez-vous résolument à flanc de montagne en revenant vers le site de Saint-Michel. Vous arrivez à une épingle à cheveux à gauche.
1 Il faut alors quitter la piste et vous engager sur un petit sentier dont le départ à l'extérieur du virage n'est pas très visible. Il s'engouffre derrière un rocher dans l'épaisse végétation. Après un petit raidillon, débouchez sur un sentier balisé en

Table d'orientation proche de la croix.

La chapelle Saint-Michel de Mercoirol.

jaune (PR) au niveau des premiers vestiges du château de Mercoirol. Poursuivez à droite cet agréable cheminement qui passe sous une imposante construction. Juste après, vous trouvez le départ en retrait à gauche du sentier caladé montant à la chapelle.
Arrivé au niveau d'une ancienne citerne, vous trouvez à droite la suite du cheminement grimpant en escalier jusqu'à un palier au niveau de la porte d'entrée. En continuant encore, accédez à la croix monumentale érigée au sommet et à une plate-forme, vestige du donjon, où a été aménagée une table d'orientation.
Revenu en bas du chemin d'accès, poursuivez dans les bois l'itinéraire principal. Après l'ancienne porte nord récemment restaurée, vous débouchez tout de suite après sur le terre-plein au terminus de la piste carrossable d'accès au site.

2 Suivant le balisage jaune du PR®, empruntez sur un bon kilomètre cette pittoresque voie, par endroits bétonnée, qui descend sur la ligne de crête dans les châtaigneraies (remarquez quelques affûts à palombes perchés dans les arbres). Laissez à droite un premier embranchement direct vers les Abès pour arriver 600 m plus bas dans un virage à gauche sur un seuil.

3 Bifurquez alors sur le sentier qui plonge à droite en chemin creux et file ensuite en palier dans les bois pour rallier les Abès.

4 Poursuivez sur le sentier qui vire à droite de la première maison et descend pour aller traverser le ruisseau de la Vernière. Passé un seuil bordé par un verger, descendez la colline des Paillès avant de rejoindre une vigne à droite. Longez-la, puis traversez le ruisseau pour revenir au village par la rue du Four. Revenez au parking par le même chemin longeant la mairie.

10

AUDE • MINERVOIS

ENTRE VIGNES ET CATHARISME

À cheval sur l'Hérault et l'Aude, le Minervois est un vaste amphithéâtre naturel entre le Cabardès et le Biterrois et qui trouve sa limite au bord du canal du Midi. C'est sur ce territoire peu accidenté que les Romains ont fait pousser leurs premières vignes. On y trouve également un sol riche puisqu'une mine de cuivre antique a été mise à jour à Lastours, tandis qu'une mine d'or fut exploitée à Salsigne jusqu'en 2004. Le sous-sol de cette région recèle également un marbre rare, variant du rose pâle au rouge sang et dont l'exploitation est continue à Caunes-Minervois depuis le XVIIe siècle, et qui servit notamment à la décoration du Grand Trianon à Versailles. Le Minervois est une terre de vins connue et reconnue, mais aussi un territoire où la religion cathare avait trouvé au Moyen Âge, une terre d'expansion. À la suite de la Croisade contre les Albigeois (autre nom des Cathares) entre 1209 et 1229, de nombreux châteaux et places fortes de la région furent détruits par le pouvoir royal. C'est aussi la porte d'entrée vers la Montagne Noire et des villages comme Limousis, Trassanel ou Les Ilhes qui offrent des paysages superbes sur le Minervois. On y découvre également un riche patrimoine architectural fait de châteaux tels ceux de Lastours mais aussi de moulins, dans cette zone battue par les vents qui mérite un peu d'efforts pour se laisser découvrir.

Ci-dessus : Villeneuve-Minervois.

Page de droite: les châteaux de Lastours (rando n°1 et 2).

PRATIQUE

Quand venir

■ Toute l'année.

Y aller

■ **En voiture :** depuis Toulouse, prendre l'A61 jusqu'à la sortie 23 Carcassonne Ouest. Suivre la rocade de Carcassonne (D6161) puis prendre la D149 direction Conques-sur-Orbiel. Emprunter la D101 jusqu'à Pont-de-Lassac Bas, puis suivre la D111 et enfin la D511 jusqu'à Limousis.

■ Depuis Montpellier, prendre l'A9 jusqu'à Narbonne puis la sortie E80/A61 en direction de Toulouse. Suivre l'A61 jusqu'à Carcassonne-Centre (sortie 24). Prendre la D6113 jusqu'à la route Minervoise (D118). Puis la D201 jusqu'à Conques-sur-Orbiel, puis la D101 jusqu'à la Combe du Saut. Bifurquer sur la D111 direction Limousis.

■ **En transports en commun :** depuis Montpellier, à la gare Saint-Roch prendre un TER jusqu'à Carcassonne. Puis un taxi jusqu'à Limousis.

Sur place

■ Aucun mode de transport en commun.

Se loger

■ **À Villeneuve-Minervois, le Domaine de l'Aven** propose un gîte, dans un chalet tout en bois, une tente lodge, mais également 4 chambres d'hôtes spacieuses. 07 88 82 13 27.

■ **À Caunes-Minervois, le Contact Hôtel Le Minervois** propose 15 chambres à la décoration contemporaine. 04 68 79 28 74.

■ **À Lastours, le camping Le Belvédère** – engagé dans une démarche écocitoyenne – offre une vue imprenable sur les châteaux de Lastours. 06 18 94 41 27.

■ **Dans le bourg de Lastours, La Salimonde** propose 2 chambres d'hôtes haut de gamme dans une demeure aux bases médiévales. Avec une belle piscine à flanc de montagne. 04 68 72 02 85.

Entrée de la grotte de Limousis (rando n°1).

Envie d'autres expériences ?

■ De nombreux circuits **VTT** sont disponibles sur ces territoires, notamment autour de Lastours telle la boucle du barrage de barrière au départ de Conquessur-Orbiel. Attention : beaucoup exigent un très bon niveau de VTT.

Immortelles.

À VOIR / À FAIRE

■ La grotte de Limousis est la plus grande grotte aménagée du pays cathare. Sept salles (Colonnes, Bal, Lac Vert, Disques, Grand Lac) et deux **lacs** sont à découvrir sur un **parcours facile d'un kilomètre** de long. 04 68 76 96 63.

■ Sur la commune de Roquefère, la vue panoramique sur la cascade de Cubserviès vaut la peine : drainée par les ruisseaux du plateau du Sambrès, la cascade mesure plus de 90 mètres de haut. Un point de vue panoramique a été aménagé.

COUP DE CŒUR

■ Sur la commune de Mas Cabardès, le circuit des quatre villages permet de découvrir quatre pépites : Mas-Cabardès qui est le point de départ, Roquefère et son château, Miraval et La Tourette. La randonnée offre également des vues sur la plaine carcassonnaise, les Corbières et les Pyrénées.

ENVIE D'AUTRES BALADES ?

- Inauguré le 18 septembre 2024, le Saut de Rolland est un nouveau sentier pédestre sur la commune d'Ilhes Cabardès entièrement réaménagé sur l'ancien sentier médiéval. Long d'un kilomètre, ce chemin aboutit sur un promontoire rocheux (sécurisé) permettant d'admirer de très près les châteaux de Lastours.
- Les villages de Salsigne et Villanière entourent le site d'une ancienne mine d'or dont il reste quelques vestiges, dont un chevalement. Entre son ouverture en 1892 et sa fermeture en 2004, la mine a produit 120 tonnes d'or.
- À Conques-sur-Orbiel, une balade facile de 6,5 km dans la plaine de la Cocalière, parsemée de 45 capitelles entièrement restaurées par le Foyer laïque de Conques.
- À Lastours, le sentier des Moines et de la Bonne Fontaine permet de partir à la découverte du bourg et des châteaux de Lastours ainsi que du jardin médiéval, avec de beaux points de vue durant cette randonnée de 16 km.

ASTUCE RANDO

Les circuits de ces randonnées sont particulièrement exposés au vent. Donc prévoir un couvre-chef… bien arrimé !

Ci-dessus : **Belle-Dame.**
Ci-dessous : **l'abbaye de Caunes-Minervois.**
© Wikimedia Commons / Alain Devisme

10 AUDE • MINERVOIS

Rando n°1

ITINÉRAIRE
14 km
4h30
520 m+

Limousis et sa grotte

Le sous-sol de toute la région qui cerne Limousis est particulièrement riche en minerais métallifères. Les nombreux anciens puits de mines qui percent les flancs de la montagne témoignent des intenses activités minières qui se développèrent ici jadis. Avant l'Antiquité, les hommes y ramassaient déjà le minerai de cuivre, puis de fer, à même le sol d'où ils l'extrayaient à coups de pic. L'argent et le plomb y ont également été largement recherchés et extraits.
Mais ce n'est que récemment, en 1892, que de l'or y a été découvert par hasard: le propriétaire d'une concession minière voulant connaître la teneur en fer de différents échantillons de minerais les fit analyser. Cet examen révéla une forte teneur en or dans les échantillons prélevés sur un filon de Limousis. Ici et là, la montagne offrit aux hommes, avec plus ou moins de générosité, le précieux métal pendant une centaine d'années. Depuis 2004, les coûts de production trop élevés et la chute des cours de l'or ont entraîné l'arrêt complet des activités minières.

Départ : Limousis. Parking situé entre le cimetière et le stade de Limousis, le long de la route de l'église.
Difficulté : chemins larges et sentiers faciles constituent ce parcours sans difficulté. Un passage dans le lit d'un ruisseau, généralement à sec, surtout en été, peut compliquer la progression en cas de forte pluie ou pendant les mauvaises saisons.
Période : toute l'année.

Grotte de Limousis.

P'tit plus

- Visite de la grotte de Limousis (compter 1 h).
- Visite des châteaux de Lastours, lastourisme.fr.
- Restaurants à Lastours.
- Chef étoilé inspiré, Jean-Marc Boyer dispose d'un restaurant gastronomique Le Puits du Trésor doté d'une étoile Michelin dans le bourg de Lastours, ainsi que d'une partie brasserie (Le Diable au thym) plus accessible. Une étape gourmande qui vaut le détour. 04 68 77 54 93.

Itinéraire

À la sortie du parking, prenez la route à gauche, vers le village. Au monument aux morts, tournez à gauche et suivez la rue du Sol qui se prolonge par un chemin puis un sentier. Arrivé à la route, suivez-la sur 140 m, puis quittez-la pour un chemin à droite. Après quelques centaines de mètres, les tours des châteaux de Lastours sont visibles à droite entre deux éminences. Le sentier descend. Après avoir atteint le fond d'une cuvette ❶, à l'attaque de la remontée, quittez le sentier qui monte pour descendre à droite sur un autre sentier. Au point le plus bas, il traverse un **petit ruisseau** ❷ avant d'attaquer la montée. Sur la crête, le chemin est prolongé par une route. Suivez-la tout droit jusqu'au village. Aux premières maisons de Limousis, tournez à gauche rue de la Pourtalière. À son extrémité, tournez à gauche, descendez, quittez le village et descendez sur un sentier. Il se poursuit en montée dans le lit du ruisseau de la Grave (à sec l'été). Dans une large courbe à droite (ici la pente s'est adoucie), il faut quitter le lit du ruisseau pour monter à gauche ❸ sur un sentier raide, tracé à même le roc, qui longe le ruisseau de la Ménentière. Le sentier rejoint un chemin plus large. Continuez de monter et atteignez **Fournes-Cabardès**. Au débouché sur la D 401 (514 m), montez vers le village. Traversez-le en restant sur la D 401 (rue de la Bergerie). Grimpez par la route. Dans la montée, quittez-la pour emprunter un sentier qui monte à droite ❹ vers Bosc-Grand (panneau). Progressez toujours tout droit sur le chemin principal jusqu'au **hameau de Sériès**. Descendez par la route à droite, traversez le hameau, montez. Dans la deuxième boucle d'un S formé par la route, quittez-la pour tourner à droite sur un sentier indiqué Bosc-Grand. En haut, le sentier débouche sur une large piste (cote 644 m). Suivez-la à droite. Descendez en restant sur la piste principale. Dans un large virage à gauche, la piste fait un replat (432 m).
À la bifurcation ❺, prenez à droite, puis suivez le sentier sur un replat à la végétation rase et croisez un chemin (belvédère à droite). Descendez à droite et avancez jusqu'à l'entrée de la **grotte de Limousis** (la billetterie est en bas de la route). Descendez par la route à gauche. En bas du parking de la grotte, tournez à droite vers Limousis. Descendez par la route jusqu'à Limousis (dans la plaine, en face, un peu à droite : des éoliennes, Carcassonne et la cité médiévale se profilent dans le lointain. Une bonne paire de jumelles est nécessaire pour l'observer).

Rando n°2

Des Ilhes à Fournes-Cabardès

Au cœur du Cabardès, à travers des paysages qui hésitent entre montagne et Méditerranée, fait de bois, d'eau et de pierre, l'Orbiel trace un sillon étroit des hauts de la Montagne Noire vers la plaine audoise. Même s'il s'élargit, le torrent est encore vigoureux quand il traverse sous le pont métallique des Ilhes. Il apporte une certaine fraîcheur autour du village quand sur les pentes la roche accumule la chaleur sous le soleil généreux de l'été. Ce soleil qui gratifiait autrefois la vigne et l'olivier sur les terrasses rocailleuses. On en voit encore les murettes, mais les cultures ont depuis longtemps disparu et seuls les chênes verts couvrent cette terre ingrate et difficile d'accès. Par bonheur, les chemins sont encore là pour vous, randonneurs curieux et amoureux de ces anciens tracés. La distance entre les deux villages était autrefois de 3 km, aujourd'hui la route qui a remplacé les chemins rocailleux doit faire un grand détour pour atteindre Fournes-Cabardès.
Depuis les ruelles étroites d'Ilhes, le chemin muletier serpente et se hisse au-dessus de la vallée de l'Orbiel où les tours des quatre châteaux de Lastours (du XIe au XIIIe), à portée de vue quelques kilomètres plus bas, en gardent l'entrée. S'élever permet de remarquer que la partie ancienne du village des Ilhes se trouve entièrement sur la rive gauche, comme si l'Orbiel en était le rempart. Sur le haut, à l'approche de Fournes-Cabardès, le contraste est saisissant quand on quitte la rudesse de la rocaille et les chênes verts pour retrouver la douceur des jardins et prairies.

10 AUDE • MINERVOIS

Les Ilhes.

ITINÉRAIRE
6 km
2h15
290 m+

Départ : Les Ilhes.
Accès : de Conques-sur-Orbiel, par la D101 dépasser Lastours et atteindre Les Ilhes. Garez-vous sur le parking herbeux à gauche.
Difficulté : aucune.
Période : toute l'année.

P'tit plus

■ Voir rando n°1.

Itinéraire

Depuis le parking, traversez la D101 et entrez dans le village par le pont sur l'Orbiel. Sur la placette, prenez la petite rue à gauche qui se poursuit par un vieux chemin dallé devenu sentier. Il monte en lacets et passe au-dessus d'un ancien pigeonnier en ruine.
Plus haut, se présente un chemin ❶ bétonné que vous montez à gauche. Ensuite, laissez un chemin herbeux à gauche et à la bifurcation au-dessus, progressez à droite tranquillement le long d'une murette. La vue se porte sur les châteaux de Lastours et sur le village des Ilhes en contrebas. Le sentier passe une crête puis redescend dans un autre vallon (rue du Camp del Bosc, à sec) et remonte sous les chênes verts et les buis. Il passe une seconde crête moins marquée et descend à flanc.

❷ Au croisement de chemins et d'itinéraires, nous vous proposons de monter jusqu'au village de Fournes-Cabardès en aller et retour. Pour cela, prenez le chemin à gauche qui s'élargit plus loin. À la fourche, allez à droite et, en suivant, montez à gauche le chemin bétonné qui passe entre les jardins et aboutit sous le village.
Après la visite, revenez en ❷, descendez le sentier en face. En première partie, il file tranquillement à travers les chênes verts puis, à l'aplomb de la vallée, il descend plus franchement. Il domine joliment Les Ilhes avant de le rejoindre entre deux grands murs sous des jardins abandonnés.
Sur la place de la mairie, allez à droite afin de passer sous les voûtes de maisons et d'atteindre la placette de l'aller. À gauche, traversez de nouveau l'Orbiel pour atteindre le parking.

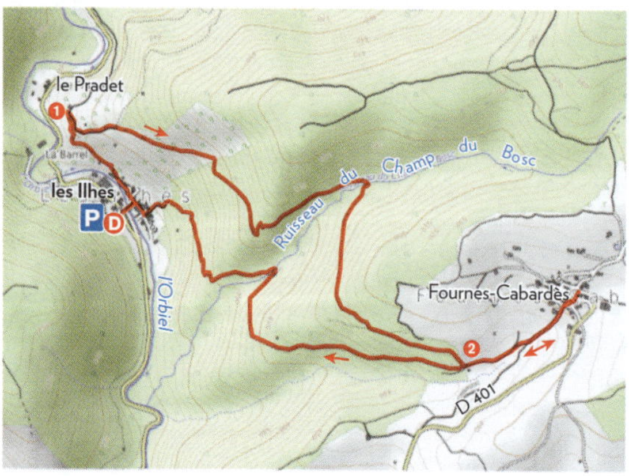

Un des châteaux de Lastours.

Rando n°3

Trassanel et le roc de l'Aigle

Le petit village de Trassanel, siège de la Base départementale de Spéléologie, est adossé exactement à la montagne, au fond d'un petit replat, précisément au pied du Pech de Laure que vous contournez par la gauche au départ de la randonnée pour grimper jusqu'à la crête de la Serre de Montredon (altitude maximale de la randonnée : 853 m). Le roc de l'Aigle et son paysage rocailleux, stérile, abordé dans un second temps de l'excursion, domine le gouffre de Cabrespine, invisible depuis la pointe du Roc de l'Aigle puisqu'il s'agit d'une cavité souterraine. Ce gouffre gigantesque (80 m de diamètre sur 220 m de haut), redécouvert dans les années 1970, est aménagé pour la visite touristique. On a découvert près de son entrée naturelle, la grotte de la Gaougnasse (au pied du roc de l'Aigle), des témoignages d'occupation humaine très anciens sous la forme de poteries et de poignards en bronze. D'autres cavités, plus modestes, se trouvent aux abords directs du parcours. La première est la grotte de Coroluna que vous pouvez visiter librement à condition d'avoir prévu une lampe de poche. La seconde est la grotte du Maquis, ainsi appelée parce qu'elle servit de refuge aux résistants du maquis de Trassanel en 1944.

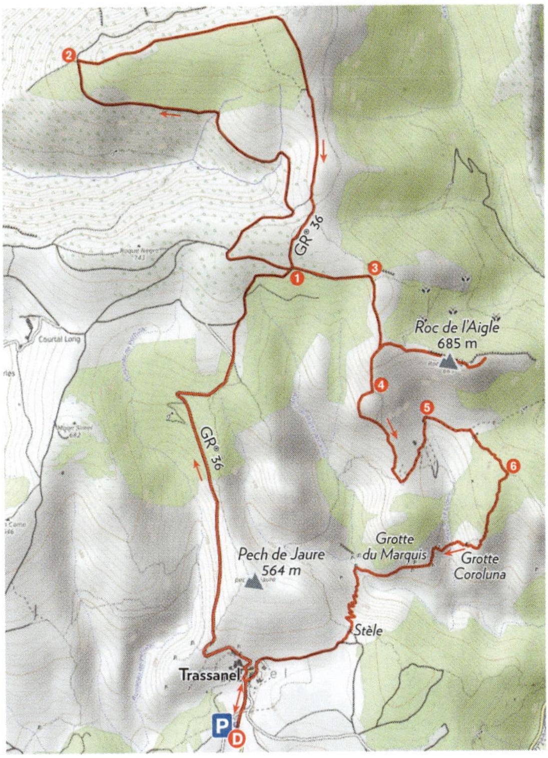

Départ : Trassanel.
Accès : de Villeneuve-Minervois, empruntez la D112, puis à gauche la D712. Garez-vous à l'entrée de Trassanel, sur le parking aménagé à gauche de l'unique route qui mène au village.
Difficulté : la première partie, jusqu'au roc de l'Aigle, est sans difficulté. Les chemins y sont larges et la navigation facile. Ensuite, le sentier étroit suit les pentes raides d'un relief exacerbé. Quelques passages courts sont un peu difficiles, mais aucun n'est vraiment dangereux ou vertigineux.
Période : toute l'année.

Itinéraire

À la sortie du parking (436 m), dirigez-vous à gauche vers le village. À son entrée, montez au Centre départemental de Spéléologie, puis grimpez par la route. Vous êtes sur le GR®36 que vous suivez jusqu'à un espace dégagé ❶ formant un parking (715 m). Laissez un chemin qui descend à droite et le GR®36 et continuez de monter à gauche sur la piste que vous suivez sur 2,5 km pour atteindre le sommet de la crête de la Serre de Montredon (857 m) ❷. Marchez toujours sur

Le roc de l'Aigle.

CIRCUIT PAR MONTREDON
14,2 km
4h15
650 m+

CIRCUIT COURT
9,5 km
3h00
470 m+

la piste principale en conservant les éoliennes à gauche, puis descendez avec les éoliennes dans le dos. Dans la descente, sur un replat rejoignez le GR®36 que vous empruntez à droite. Peu avant d'arriver à la piste empruntée à l'aller 1, prenez le chemin qui descend à gauche pour rejoindre une piste 3 que vous empruntez à droite. Marchez presque 300 m. Sur le bord du chemin, un cairn indique l'endroit où il faut le quitter pour obliquer à gauche et suivre la crête jusqu'au roc de l'Aigle (685 m).

Revenez sur vos pas une fois le site admiré et continuez (à gauche donc) sur le chemin. Dans la descente, sur un léger replat, ignorez un chemin à gauche 4 et poursuivez en descente à droite. Dépassez deux ruines disposées de part et d'autre du sentier 5. 250 m plus loin, tournez à droite sur un nouveau sentier. Lorsque le sentier se divise en Y, descendez à droite 6. Dans la descente, l'entrée de la grotte Coroluna s'ouvre à droite. Dans la montée raide qui suit, devant la grotte du Maquis, tournez à gauche pour passer devant la grotte. Le sentier descend, coupe le lit d'un ruisseau (à sec en général), puis monte en face. Au sommet, dépassez la stèle commémorative. Poursuivez en face. Le sentier débouche sur un chemin plus large que vous devez suivre à droite jusqu'à Trassanel.

Circuit court

Du point 1, descendez par le chemin à droite jusqu'à la piste 3 où vous suivez le circuit long.

Rando n°4

Laviale et le sentier des ruisseaux

Sur le versant méridional de la Montagne Noire, dominé par le pic de Nore et ses 1 211 m d'altitude, le Haut-Cabardès fait opposition au versant pyrénéen du sud de l'Aude. Sur ces contreforts du Massif central, l'eau généreuse apparaît çà et là, dévale les pentes, chaque fil d'eau creuse sa voie. Quand ils deviennent ruisseaux on les nomme ici le Clamoux, les Cloutels, Réalpo ou encore Aigo Bello. Ils sont à la fois le décor et le théâtre de votre marche d'aujourd'hui. On les entend plus qu'on ne les voit, mais on prend plaisir à les retrouver et à les traverser à gué, sur quelques dalles ou sur un pont en pierre plus élaboré. Ils deviennent des lieux de repos en bordure d'une eau claire, de petites vasques et de roches polies et moussues.
Cette boucle des ruisseaux court en forêt, une forêt très diverse, parfois sombre sous la frondaison au large éventail d'essences: châtaigniers en majorité, hêtres, chênes et toute une variété de résineux. En parfaite symbiose, l'eau et la forêt en font une randonnée fraîcheur, à la découverte des différents hameaux fleuris comme Quintaine, Laviale ou Lafargue qui forment la commune éclatée de Castans.

Le ruisseau Aigo Bello.

Départ : Laviale.
Accès : depuis Villeneuve-Minervois, prenez la D112 vers le nord. Dépassez Cabrespine. Au-delà, prenez à droite la D9 en direction de Castans. Garez-vous à l'entrée de Laviale au-dessus du cimetière, en prenant la voie bétonnée : parking de Cayac (panneau de randonnée).
Difficulté : aucune.
Période : toute l'année.

Belle La Fargue.

Itinéraire

Montez la petite route indiquée « Boucle des ruisseaux » qui file progressivement sous les châtaigniers. Dans la courbe, 250 m plus haut, le balisage indique de descendre les marches à droite (vous pouvez aussi continuer sur la route). Le sentier raide débouche sur un chemin à proximité de Laviale. Suivez cet ancien chemin à gauche qui dépasse une dernière maison pour monter dans le sous-bois.
Il rejoint la fin du goudron 1 de la petite route que vous avez quittée. Descendez alors à droite. Parvenez ainsi au ruisseau des Cloutels que vous enjambez sur un pont fait de deux belles dalles en pierre. À la première fourche, allez à droite ; dans la montée, laissez un autre chemin à droite pour suivre la ligne téléphonique.
2 Au carrefour de La Goussatiero, descendez en face. Au ruisseau la Clamoux 3, traversez sur la passerelle en bois puis remontez à gauche un instant le long du ruisseau Aigo Bello pour partir à droite afin d'atteindre, après la ruine, la piste forestière. Suivez-la à droite sur 500 m environ avant de la quitter et de descendre sur le sentier à droite indiqué « Boucle des ruisseaux ». Plus bas, dépassez les ruines de Perga Bas puis après quelques lacets, traversez le ruisseau de Réalpo 4. Remontez un peu et ignorez un autre sentier à droite, mais un peu plus loin, sur le plat, prenez le sentier à droite. Vous descendez alors un peu avant de remonter à gauche au prochain carrefour. Atteignez le hameau de Quintaine, descendez sous les maisons à droite. Le sentier croise la route plus bas et continue en face. Au hameau de Lafargue, descendez sur le goudron à gauche que vous quittez après l'épingle pour traverser le pont à droite sur le torrent la Clamoux 5.
Plus haut, croisez encore la route et au-dessus atteignez la chapelle. Devant celle-ci, avancez sur son chemin d'accès pour traverser Laviale (vous laissez un autre itinéraire partir à gauche). Rejoignez ensuite le parking de Cayac en passant devant l'église et la mairie et au-dessus du cimetière.

ITINÉRAIRE
6,5 km
2h15
300 m+

11

QUILLAN • BUGARACH

UN TERRITOIRE DE LÉGENDES

Sur le flanc ouest du Parc naturel régional des Corbières, les territoires autour de Quillan sont riches d'un patrimoine naturel unique entre les forêts domaniales des Fanges et du Rialsesse, sur lesquelles pullulent les lieux de mémoire. Acquise à la cause cathare, cette région fut durement malmenée durant la Croisade des Albigeois puis durant les guerres de Religion opposant catholiques et huguenots. Mais d'importantes seigneuries s'y sont épanouies parsemant le territoire de châteaux et monuments, à l'instar du château des ducs de Joyeuse à Couiza, de celui d'Arques ou encore de Quillan. Il en reste des vestiges plus ou moins conservés, qui telles des sentinelles de pierre semblent encore veiller sur ces terres indociles. L'éperon rocheux du Pech de Bugarach est, avec ses 1230 mètres, le point culminant des Corbières, offrant une vue superbe sur les Pyrénées, la Haute Vallée et la plaine audoise. Surgissant des tréfonds de la terre et détaché de tout massif, ce pic possède une majesté minérale, accentuée par le fait qu'il est entouré de forêts et de garrigues. Cependant, situé non loin de Rennes-le-Château les fantasmes les plus fous circulent sur ces territoires: au pied de la tour Magdala certains phosphorent sur le trésor supposé de l'abbé Saunière qui aurait retrouvé celui des Cathares, au Bugarach d'autres affirment avoir vu des ovnis entrer dans l'éperon rocheux et ont cru en 2012, que la montagne serait le lieu témoin de la fin du monde... Randonner au milieu de ces terres de mémoire et de légendes ne laisse pas insensible.

Ci-dessus : le Pech de Bugarach. © Béatrice Chupin
Page de droite: vue depuis le pic de Bugarach (rando n°1). © Wikimedia Commons / Jcb-caz-11

PRATIQUE

Quand venir

■ Praticable toute l'année, même si l'hiver la neige peut perturber les itinéraires.

Y aller

■ **En voiture :** depuis Toulouse, prendre l'A61 jusqu'à la sortie 22 Bram. Emprunter la D4 en direction de Foix/Limoux. Au monastère Sainte-Marie de Prouilhe prendre la D119 direction Montréal puis la D623 vers Limoux. Puis continuer sur la même route, jusqu'à Quillan.

■ Depuis Montpellier, prendre l'A9 jusqu'à Narbonne puis la sortie E80/A61 en direction de Toulouse. Suivre l'A61 jusqu'à Carcassonne-Ouest (sortie 23). Prendre la D118 direction Limoux. Puis continuer sur la même route, jusqu'à Quillan.

■ **En transports en commun :** depuis Montpellier et Toulouse, prendre le TER jusqu'à Carcassonne. Puis à la gare SNCF, prendre le bus 402 jusqu'à Quillan.

Sur place

■ Aucun mode de transport en commun.

Se loger

■ **À Bugarach, Les Amandiers** est un superbe chalet en bois disposant de 3 chambres, avec vue sur le Pech de Bugarach. 04 68 69 87 62.

■ **À Quillan, la Modern Boulangerie** est une maison de village de 6 chambres avec cuisine commune. Service d'enregistrement et de départ privés. Sur Trivago, Booking etc.

■ **À Couiza, le Château des Ducs de Joyeuse** est un hôtel haut de gamme. Datant du XVIe siècle, le château est décoré de meubles d'époque, dans une ambiance Renaissance ! 04 68 74 23 50.

■ **La Maison de la Nature de Bugarach** accueille les campeurs sur un terrain de 1 000 m² et propose également un gîte et quelques mobile homes. 04 68 69 83 88.

Marne rouge à la Coste de Rousselle (rando n°3).

Envie d'autres expériences ?

■ À Quillan, la **base de loisirs Saint Bertrand** est un havre de fraîcheur avec deux plans d'eau. Diverses activités (VTT, pêche, etc.) sont proposées. 04 68 20 00 44.

■ Eaurizon propose du **rafting** en eau vive sur l'Aude à Quillan, notamment pour découvrir les gorges de Pierre Lys. 04 68 49 99 82.

■ À Belvianes-et-Cavirac, Rodeo Raft propose de s'initier au **River Tubing** : une descente en bouée des rapides. 04 68 20 98 86.

■ À Puivert au hameau Campgast, le club des planeurs de Puivert organise des **vols découverte en planeur**. 04 68 20 80 14.

À VOIR / À FAIRE

■ Le château d'Arques, maison forte de 10 m de côté et de 24 m de haut, est un chef-d'œuvre de l'architecture militaire. Les 4 niveaux de cet étonnant édifice se visitent. Un escape game y est également proposé. 04 68 69 84 77.

■ Haut lieu de la chapellerie, la Haute Vallée de l'Aude a compté jusqu'à 14 usines locales de chapeaux au début du xxe siècle. Le musée de la Chapellerie d'Espéraza témoigne de cette épopée. 04 68 74 00 75.

COUP DE CŒUR

■ Depuis Quillan, la randonnée vers le belvédère du Diable offre un panorama unique depuis les falaises de Ginoles sur la Haute Vallée de l'Aude. Une colonie de vautours s'est implantée sur ces falaises.

ENVIE D'AUTRES BALADES ?

■ Depuis Belvis, cette randonnée de 12 km se déroule essentiellement en forêt et conduit au site occupé par le Maquis de Picaussel de mars à août 1944 et où se trouve un petit musée dans l'ancien poste de commandement des résistants. Retour par le versant sud, avec de très belles vues sur le début du Plateau de Sault.

■ Depuis le château de Quillan, jolie randonnée avec belle vue sur le cirque de Quillan en accédant au pic de Bitrague qui offre un panorama à 360 degrés.

■ Depuis Arques, randonnée au travers de l'Arboretum du Planel jusqu'au lac d'Arques, avec retour par la route forestière.

■ À Nébias, le sentier du Labyrinthe Vert. Balade facile. 5,5 km • 2h30 • 100 m+
rando-pyreneesaudoises.com

ASTUCE RANDO

Plusieurs des randonnées proposées se terminent par des descentes assez raides, à éviter absolument par temps humide.

Ci-dessus : **sur le pont de Serres (rando n°3).**
Ci-dessous : **la Pique Grosse (rando n°1).**

EN CIRCUIT PAR LA FENÊTRE
12,6 km
4h30
800 m+

AR DEPUIS LE COL DE LINAS
6,8 km
3h00
600 m+

Rando n°1

Le Pech de Bugarach

Le Pech de Bugarach ? Il forme avec la Pique Grosse (1081 m) une molaire immense et déformée qui culmine à 1230 m, détachée de toute chaîne montagneuse où elle pourrait s'insérer comme dans une mâchoire. C'est le point culminant des Corbières, repérable à des dizaines de kilomètres à la ronde. C'est une curiosité géologique où les strates rocheuses, qui se sont plissées, cassées et chevauchées sous la poussée de la plaque ibérique lors de la formation des Pyrénées, sont plus anciennes sur le dessus qu'en dessous. C'est un but d'excursion très prisé par les randonneurs de tous niveaux. C'est aussi un extraordinaire sujet de rêveries et de phantasmes. On lui prête la capacité d'émettre de puissantes « ondes vibratoires énergétiques » bénéfiques. D'étranges mystères enveloppent ce morceau de montagne : il abriterait, selon certains, une base secrète extraterrestre. On y verrait, quand on passe la nuit à son sommet, des lumières inexpliquées. D'autres affirment que c'est en son sein que serait cachée l'Arche d'Alliance ou encore le trésor de l'abbé Saunière. Pour notre part nous n'y avons rien trouvé ni ressenti, sauf peut-être un léger vertige à l'approche du sommet. Un effet de l'altitude ? Pour ce qui est de l'accès au sommet par la Fenêtre, mieux vaut avoir le pied montagnard et ne pas être sujet au vertige pour monter là-haut et, même si vous êtes un habitué des courses vertigineuses, abstenez-vous les jours de grand vent ou en cas de mauvaise visibilité.
Pour tous, l'accès par le col de Linas (aller et retour depuis le parking de Linas) est beaucoup plus facile et moins impressionnant.

Départ : Bugarach.
Accès : depuis Couiza, sur la D118 entre Limoux et Quillan, prenez la D 613 sur 5 km, puis tournez à droite sur la D14. Garez-vous sur l'un des parkings se trouvant en bordure de la D14, en bas du village de Bugarach.
Difficulté : aucune en AR depuis le col de Linas. Le circuit par la Fenêtre est réservé aux randonneurs aguerris qui aiment les terrains où il faut poser les mains. Si le premier et le dernier tiers de cette randonnée sont comparables à d'agréables parcours de santé, il en est tout autrement du cœur de la randonnée. La montée au pech de Bugarach par le côté de la Fenêtre n'est pas accessible à tous ; dans le goulet d'accès au sommet, il faut franchement mettre les mains. La fin de l'ascension est difficile et vertigineuse. À éviter par grand vent.
Période : printemps, été, automne.

P'tit plus

- Restaurant Ferme de Janou, Bugarach, 04 68 69 81 69.
- Restaurant Les Saveurs du Terroir, Bugarach, 04 68 69 87 59.

Itinéraire

Du parking, montez par la D 14 en direction du pic de Bugarach. Quittez-la à la sortie du village, dans le virage à gauche, pour prendre un chemin à droite en direction du lac (Sentier Cathare). Longez le lac et laissez filer le Sentier Cathare à gauche. Marchez toujours sur le chemin principal. Il se rétrécit, traverse un ruisseau à gué 1, puis est coupé par deux clôtures qu'on

L'église de Bugarach.

franchit par deux chicanes en bois. Surveillez sur la gauche un sentier en pente raide permettant d'accéder aux cascades des Mathieux. Faites l'aller et retour si la visite vous inspire, puis poursuivez sur le sentier. Un peu plus loin il oblique à gauche pour descendre vers le ruisseau. Franchissez-le à nouveau par un second gué, puis montez jusqu'à la D 45. Faites un crochet à gauche sur cette dernière, puis montez tout de suite à droite sur un sentier.

Au niveau du carrefour avec le GR®36 et du GRP® Tour des Fenouillèdes ❷, montez à gauche sur le GR®36. Après un parcours en sous-bois, débouchez dans une grande prairie et poursuivez jusqu'à la Fenêtre au pied du Pech du Bugarach. Montez dans le goulet rocheux où il faut s'aider des mains et atteignez le sommet.

Du pech de Bugarach (1230 m), poursuivez sur le sentier unique qui parcourt la partie sommitale du pech, puis descendez, toujours sur le même sentier, sans problème de navigation, jusqu'au parking du col de Linas (667 m). Descendez sur la D 14. Suivez-la à gauche, passez un virage en S droite/gauche et, à la sortie du virage à gauche, quittez la D 14 pour monter sur un chemin empierré à droite ❸. À l'intersection avec une nouvelle piste : tournez à gauche. 200 m plus loin, quittez la piste pour aller sur le premier chemin à gauche ❹. Suivez-le jusqu'à déboucher sur une piste ❺ que l'on prend à droite sur 40 m avant de reprendre le chemin à gauche. Arrivé dans une petite prairie, descendez à droite sur le chemin en épingle, en ignorant le sentier en face. Descendez jusqu'à Bugarach par l'unique sentier. Entrez dans le village, filez tout droit par la Grande Rue et la rue des Pailles jusqu'à la D 14 et retrouvez le parking.

Rando n°2

Bugarach et son pont romain

Le village se place sous la protection du pic de Bugarach, point culminant des Corbières avec ses 1 231 m. Double sommet que la légende attribue à Bug et Arach, deux lutins qui implorèrent Jupiter de calmer les ardeurs du Cers, un vent froid et parfois violent, en élevant une montagne comme protection. Elle fut nommée Bugarach en honneur aux deux lutins.
Le pont romain chevauche le canyon de la Blanque sculpté par des eaux qui parfois peuvent se montrer dévastatrices dans la région, comme lors des énormes crues de 1992 où l'ancien pont fut détruit. Il fut reconstruit par les mains expertes de huit Compagnons du devoir du tour de France, aidés par les gens du village. Un précieux symbole de Bugarach qui fut ainsi sauvé et permit, entre autres, de réaliser cette jolie boucle. Elle se déroule à travers des paysages mixtes agricoles et forestiers sous la domination et la protection du pic de Bugarach. Ici, le vignoble est absent et c'est l'élevage qui anime cette haute vallée des Corbières prise en tenaille par la serre de Laca et la serre de Bec. C'est cette dernière crête que des vautours fauves ont choisie comme perchoir depuis que la ligue de protection des oiseaux (LPO) a installé un nourrissage dans le secteur. La bonne nouvelle est que deux couples ont niché sur le site.

11 QUILLAN • BUGARACH

ITINÉRAIRE
5,7 km
2h00
170 m+

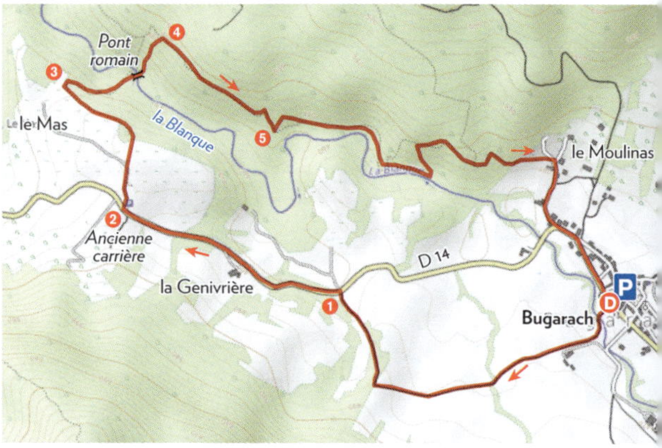

Départ : Bugarach.
Accès : depuis Quillan ou Limoux, atteignez Couiza par la D118. Prenez la D613 vers Arques puis bifurquez à droite pour suivre la D14 en direction de Rennes-les-Bains et poursuivre jusqu'à Bugarach. Garez-vous sur le petit parking près de la mairie et de l'école (en bas du village à droite).
Difficulté : aucune.
Période : toute l'année.

P'tit plus

- Restaurant Ferme de Janou, Bugarach, 04 68 69 81 69.
- Restaurant Les Saveurs du Terroir, Bugarach, 04 68 69 87 59.

Itinéraire

Entre le parking et la mairie, commencez votre marche en suivant le chemin à droite. Rapidement, il passe le pont et monte à proximité d'une villa puis file entre les prairies. Après la montée, il vire à droite (cote 489) puis descend jusqu'à la route ❶ que vous suivez à gauche. Laissez en face Les Amandiers puis doublez plus loin La Genivrière.

❷ Plus loin, dans une courbe, prenez à droite un chemin qui débute par un passage bétonné. Dans le virage un peu plus loin (à gauche Le Mas), allez tout droit sur le chemin de terre (sentier du pont romain). Ensuite, virez à gauche en longeant une clôture puis vous descendez à droite ❸ un vieux chemin entre les chênes et les buis jusqu'au pont romain restauré. En face, progressez sur le sentier qui s'avère assez raide.

❹ Au-dessus, au carrefour, virez sur le sentier à droite qui part à flanc, toujours dans la forêt de chênes. Passez une chicane et doublez une ruine.

❺ Au carrefour de sentiers, montez à gauche pour vous élever de nouveau afin de repartir à flanc. Un vieux chemin prend le relais dans la descente et longe une murette. Vous arrivez aux premières maisons (neuves) du village. Descendez alors le chemin bétonné à droite et ignorez plus bas un embranchement à droite. Empruntez ensuite la route à gauche qui entre dans Bugarach. À la fourche, poursuivez à droite pour atteindre le parking.

Le pont romain reconstruit.

Rando n°3

Les terres rouges de Serres

On pourrait rebaptiser cette grande balade la ronde des Trois Villages puisqu'elle relie entre eux les villages de Serres, Peyrolles et Cassaignes. Ces trois petites bourgades rassemblées dans un périmètre d'à peine deux kilomètres sont toutes très différentes les unes des autres et possèdent chacune leurs particularités. Serres est caractérisé par son donjon du XVe siècle. Le bourg est établi dans la vallée, en bordure du Rialsesse sur lequel est jeté un magnifique pont de pierre du XVIIe siècle. Il se trouve exactement sur la limite entre la forêt de Rialsesse d'un côté et les vignes et les garigues de terre rouge de l'autre, limite matérialisée par la D 613. Moins communs sont les paysages qui entourent Peyrolles (de *petrolis*, la cité des pierres ou des menhirs), notamment du côté de la toute proche Coste de Rousselle (sur la randonnée) où la marne rouge, complètement mise à nu, compose un tableau surprenant digne du Colorado américain. Quant à Cassaignes, accroché au bord d'un plateau à 420 m d'altitude, il fait office de belvédère sur la vallée du Rialsesse. Cette balade est aujourd'hui une grande classique du secteur parfaitement balisée.

Départ : Serres.
Accès : depuis Couiza (entre Quillan et Limoux), empruntez la D613 vers Arques. Arrêtez-vous à Serres (7 km) et garez-vous sur le joli parking situé au bord du Rialsesse.
Difficultés : aucune difficulté, quelques passages glissants.
Le sentier est bien balisé, balisage jaune PR.
Période : toute l'année.

P'tit plus

- Bar restaurant La Claranda, Serres, 04 68 74 38 05.
- Le Cerf-volant Café Culturel, Serres, 07 65 67 53 49.

Itinéraire

Serres, grand panneau indiquant la randonnée dans la première rue à droite. Depuis la D 613, longez le cimetière, passez sur le vieux pont et tournez tout de suite à gauche. Longez le Rialsesse jusqu'à aboutir sur une piste ❶. Suivez-la à droite en montée. Après avoir traversé une pinède sur quelques centaines de mètres on atteint un petit plateau de terres rouges. La descente assez soutenue et par endroits glissante sur ces terres rouges instables (sable et graviers) nous ramène au bord du Rialsesse que nous franchissons grâce un gué artificiel.
Montez en face pour atteindre la D 613. Empruntez-la à gauche. Passez deux ponts. 80 mètres après le deuxième pont ❷, tournez à droite sur une petite route. Poursuivez tout droit sur une piste.

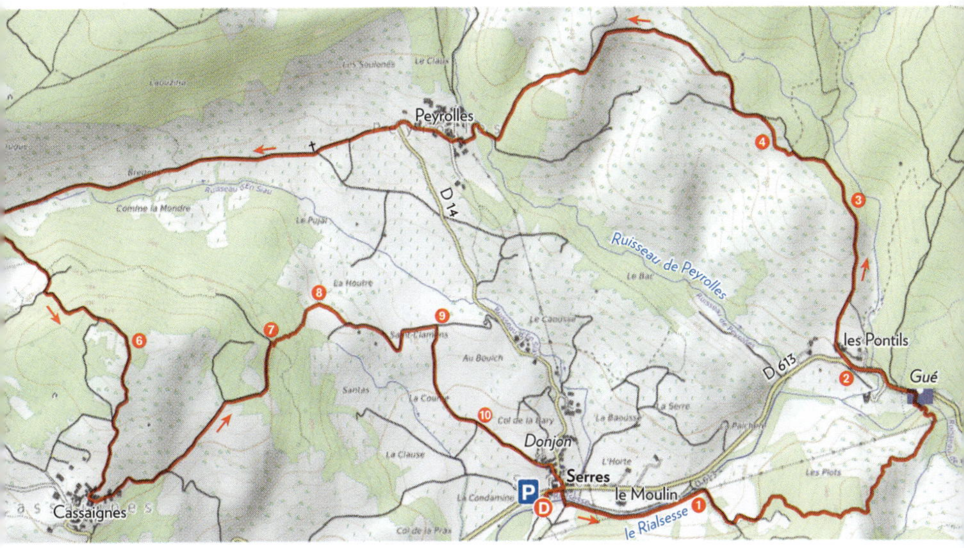

11 QUILLAN • BUGARACH

ITINÉRAIRE
12,9 km
3h45
370 m+

En haut, laissez une piste monter à gauche et descendez tout droit 3. En bas le chemin se divise : montez à gauche. Dans la montée, pas très loin du sommet, quittez la piste pour prendre un sentier à gauche et atteindre la butte rouge 4 Obliquez à droite en montée. Le balisage (piquets peints en jaune) permet aisément de rejoindre et suivre le cheminement sur le sentier au-dessus des ravines. Vous atteignez une belle piste large que vous descendez à gauche. En bas de la descente la piste se divise : monter à droite jusqu'à Peyrolles (aire-de pique-nique).

Suivez la rue du Laurier à droite. Obliquez à gauche et descendez en direction du cimetière. Dans la descente, dans un virage serré à gauche, quittez la D 14 pour tourner à droite sur une petite route. Elle perd rapidement son goudron. Laissez une piste à gauche à un embranchement marqué par une croix. Marchez 1,5 km avant de tourner sur la première piste à gauche 5. Montez, laissez un premier chemin qui monte à gauche et, 50 m plus haut, après un virage à droite, montez à gauche sur un chemin assez raide. En haut, au débouché sur un nouveau chemin, allez à droite 6 et descendez, sans quitter la piste principale, jusqu'à Cassaignes.

Tournez à gauche rue des Bergères. Descendez en obliquant à gauche. Dans la descente, la piste se divise en Y : allez à gauche. Après une petite côte, laissez un chemin qui monte à gauche et descendez à droite. Dans la descente, quittez la piste 7 pour prendre un sentier à droite en épingle à cheveux.

10 m plus bas, tournez à gauche. Au débouché sur un chemin 8, allez à droite jusqu'à une piste que l'on suit. Après avoir longé une vigne dans une légère montée, quittez-la, pour descendre à droite sur une piste 9. Dans la descente, ne suivez pas la piste, mais allez droit 10 sur le donjon de Serres dès qu'un chemin le permettant se présente. Entrez dans le village, tournez à la première à droite et descendez jusqu'à la D 613 que vous suivez à droite pour rejoindre le parking

La Coste de Rousselle.

Rando n°4

De Coustaussa à Cassaignes

Au-dessus de la vallée du Rialsesse, peu après Couiza, se dressent fièrement les ruines du château de Coustaussa. Son nom d'origine latine vient de custodia qui signifie gardien : son rôle était bien de surveiller la vallée. Il est dommage qu'après son abandon, comme bien des châteaux, il ait servi de carrière de pierres pour la construction des maisons aux alentours. Maintenant, la végétation est la seule habitante au milieu de ces hauts murs semblant figés à jamais dont l'accès est interdit à cause du danger d'éboulement. Allez l'observer depuis les hauteurs du village, vous y admirerez en même temps les sommets pyrénéens encore enneigés au printemps. Le trajet permet ensuite la découverte du village de Cassaignes en parcourant des anciennes terrasses agricoles plus ou moins abandonnées où trônent encore de magnifiques capitelles. Ces constructions originales en pierre sèche étaient les abris des bergers et certainement des vignerons. Tout comme le château, c'est un patrimoine qui nous parle de notre histoire et de la vie locale… Marchons en les contemplant.

Départ : Coustaussa.
Accès : depuis Quillan ou Limoux, gagnez Couiza par la D118, puis suivez la D613 vers Arques. Prenez à gauche la route de Coustaussa. Garez-vous près de l'église ou du cimetière. **Pour se garer, les camping-cars seront plus à l'aise à Cassaignes.**
Difficulté : aucune.
Période : toute l'année.

ITINÉRAIRE
6,1 km
2h15
200 m+

Itinéraire

Depuis la mairie, empruntez la rue de la Condamine en direction de Cassaignes. En suivant la petite route, montez au cimetière. À son carrefour 1, montez le chemin à droite bétonné au départ. Il reste encore la voûte de l'ancienne chapelle Saint-Alain. Le bitume longe ensuite un champ (ancienne vigne) flanqué de plusieurs capitelles. Après l'épingle et le virage suivant à gauche, quittez le goudron pour le sentier 2 « Les capitelles » à gauche entre la route et le chemin. Longez la clôture sur la droite puis des murettes au milieu des chênes verts. Poursuivez sur le chemin à droite qui ramène ainsi sur la petite route. Après la cabane dans le virage 3, empruntez le sentier à droite sous la route. Il rejoint un chemin herbeux qui, plus haut, passe au-dessus d'une maison neuve. Au bout de son chemin d'accès, montez à gauche pour entrer dans Cassaignes et atteindre le carrefour de l'église (panneau de randonnée). Allez à droite (à gauche la variante courte) pour traverser le village. Empruntez d'abord la Grand-Rue (sentier des Terres Rouges) jusqu'à la cabine téléphonique où vous prenez la rue des Tilleuls à gauche. Après la mairie, allez à gauche rue des Oiseaux et encore à gauche (en laissant un autre itinéraire partir à droite) et enfin à droite sur le chemin de terre. 4 Au croisement multiple, continuez au milieu ; 300 m plus loin, à la fourche dans les pins, allez à gauche. Ce petit chemin navigue dans la pinède puis descend franchement et atteint un chemin blanc 5. Remontez-le à gauche sans balisage, il conduit sur le plateau. 6 Carrefour de chemins : retrouvez le circuit des capitelles (variante courte) que vous suivez à droite sur la crête. Quand il vire à gauche, il descend sur Coustaussa et permet de voir de jolies capitelles. Retrouvez le carrefour du cimetière 1 et tout droit : Coustaussa.

12

SAINT-PAUL-DE-FENOUILLET CUCUGNAN

À L'ASSAUT DES CITADELLES DU VERTIGE

Quéribus, Peyrepertuse, Arques et Aguilar un peu plus loin… Ces lieux cathares renvoient à la sombre époque de la répression du catharisme, premier mouvement de réforme du catholicisme, qui entraîna un bain de sang sur ordre du pape Innocent III en lançant en 1209 la croisade des Albigeois menée par Simon de Montfort. De guerre sainte, cette révolte s'est transformée en conflit d'indépendance du Sud contre le royaume de France et a entraîné le rattachement du Languedoc à la couronne. Non sans avoir pillé et détruit les places fortes du catharisme dont Quéribus, qui fut la dernière forteresse à se rendre en 1255. Aériens et massifs, les vestiges de ces forteresses qui s'élevaient à plus de 700 mètres d'altitude, semblent suspendus en équilibre sur les pitons rocheux où ils s'agrippent, tandis que leurs enceintes crénelées transmettent une impression de puissance. Mais les randonnées en frontière de l'Aude et des Pyrénées-Orientales sont aussi l'occasion de s'émerveiller par la nature en découvrant la beauté de sites naturels comme les gorges de Galamus ou les marmites naturelles creusées dans la roche des gorges du Verdouble.

Ci-dessus : panorama sur les Corbières et les Pyrénées depuis le parking de Quéribus. © Wikimedia Commons / H. Zell
Page de droite: le moulin de Cucugnan. © Wikimedia Commons / Jcb-caz-11

PRATIQUE

Quand venir

■ Praticable toute l'année.

Y aller

■ **En voiture :** depuis Toulouse, prendre l'A61 jusqu'à la sortie 25 Lézignan vers la D611 vers Thézan-des-Corbières. Arrivé à Tuchan, poursuivre sur la D611 puis la D14 en direction de Cucugnan.

■ Depuis Montpellier, prendre l'A9 jusqu'à l'entrée de Rivesaltes puis la sortie 41. Puis la D12 en direction de Foix. À Espira-de-Agly, emprunter la D117 jusqu'à Maury. Puis la D19 et la D123.

■ **En transports en commun :** depuis Montpellier ou Toulouse, prendre un train jusqu'à Perpignan. Puis de la gare routière du boulevard Saint-Assiscle, prendre le bus liO jusqu'à Maury.

Sur place

■ Un autocar LiO permet de rejoindre Quillan depuis Saint-Paul-de-Fenouillet.

Se loger

■ **À Cucugnan, La Table du Curé** est une table gourmande notoire, mais aussi une auberge avec plusieurs chambres confortables. 09 70 35 53 96.

■ **À Duilhac-sous-Peyrepertuse, l'Hostellerie du Vieux Moulin** propose 14 chambres confortables dans une maison de caractère. 04 68 45 02 00.

■ **À Saint-Paul-de-Fenouillet, le Logis Hôtel Chatelet se** veut « adapté aux randonneurs, aux cyclotouristes et aux pêcheurs ». 04 68 59 01 20.

■ Eco-camping notamment alimenté par énergie solaire, le **camping de Cucugnan** propose 30 emplacements pour des tentes ainsi qu'une yourte et une roulotte. 06 79 38 48 14.

12 SAINT-PAUL-DE-FENOUILLET • CUCUGNAN

Vignobles à Cucugnan (rando n°3).

Envie d'autres expériences ?

■ À Rouffiac-des-Corbières, la Ferme Équestre de Rouffiac propose des **promenades à cheval** tous niveaux le dimanche matin ou en semaine sur RDV. 04 68 45 81 69.

■ Canyoning, rafting, stand up paddle, canoë et kayak gonflable, via ferrata… l'équipe d'Oxygen Aventure propose tout au long de l'année des **activités de pleine nature** encadrées. 06 82 69 83 00.

■ Aude Cathare Évasion à Cucugnan propose la **location de vélos à assistance électrique**. 06 86 35 87 95.

À VOIR / À FAIRE

■ En été, le train touristique Le Train Rouge fait quelques liaisons Rivesaltes-Axat avec un arrêt à Saint-Paul-de-Fenouillet. 04 68 20 04 00.

■ Remis en activité depuis 2006, le moulin d'Omer doit sa renaissance à Roland Feuillas, boulanger visionnaire qui met en avant l'éthique et la qualité pour produire des pains d'exception. Sa boulangerie « Les Maîtres de mon Moulin » est ouverte tous les jours à partir d'avril. 04 68 33 55 03.

■ À Lagrasse, l'abbaye Sainte-Marie d'Orbieu est un ancien monastère bénédictin érigé à partir du VIIIe siècle et qui a rayonné dans tout le Languedoc. Racheté en 2004, il est désormais occupé par les chanoines réguliers de la mère de Dieu. Une partie des bâtiments sont ouverts à la visite, dont le palais abbatial, la salle d'apparat, etc. 04 68 43 15 99.

COUP DE CŒUR

■ Au départ de Saint-Paul-de-Fenouillet, la randonnée (variante rando n°2) vers le point culminant de La Quille permet de traverser de jolis sentiers en sous-bois avant d'arriver au Pla de Sarrat du Miech puis à La Quille et son magnifique panorama sur les Pyrénées, le Canigou et le *château de Peyrepertuse*.

Ci-dessous : fleur de chardon.
Ci-contre : à l'entrée du château de Quéribus (rando n°3).

ASTUCE RANDO

L'ascension et la descente des châteaux et de Bugarach peuvent provoquer des chutes. Munissez-vous de bâtons de randonnée pour prévenir les entorses !

ENVIE D'AUTRES BALADES ?

■ Depuis Cucugnan, la randonnée vers la crête de la Serre du Grau de Maury est une randonnée exceptionnelle avec un cheminement sur la crête du Grau de Maury sur 5 km. Mais le parcours, avec des passages dangereux, nécessite une très bonne condition physique et de ne pas être sujet au vertige.

■ Au départ de Saint-Paul-de-Fenouillet, circuit vers le Pla de Brézou à travers de superbes pâturages et qui permet en fin de parcours, de surplomber les gorges de Galamus.

■ Depuis Paziols, belle randonnée par le col de la Garrigue, le pas de la Serre pour rejoindre Padern, puis le Chemin Cathare afin de rejoindre Paziols. Boucle de 16 km avec 500 m de dénivelé.

■ Depuis Tuchan, belle randonnée jusqu'au château de Padern avec passage par le Chemin Cathare (GR®367) avant la montagne de Tau puis le Pech des Fayssettes. Dénivelés raides.

12 SAINT-PAUL-DE-FENOUILLET • CUCUGNAN

Rando n°1

Des gorges de Galamus au pech d'Auroux

ITINÉRAIRE
16,1 km
5h15
885 m+

Le passage le plus escarpé, le sillon étroit le plus profondément marqué des gorges de Galamus, est situé presque exactement sur la frontière entre l'Aude et les Pyrénées-Orientales, comme si l'Agly, le cours d'eau à l'origine du creusement des gorges dans la roche calcaire, avait voulu créer un trait d'union entre ces deux départements. Il a fallu des millions d'années à l'Agly, dont la source se situe aux abords immédiats du Pech de Bugarach et qui est ensuite enrichie par de nombreux petits cours d'eau et résurgences, pour creuser dans la roche ce passage vertigineux d'environ deux kilomètres de long faisant davantage penser à un craquellement géant qu'au résultat d'une lente dissolution. Une végétation sporadique, composée principalement de chênes verts et de genévriers, parvient à coloniser certaines portions des parois verticales. Le lit du cours d'eau, formé d'une succession de grandes dolines plus au moins profondes, permet la pratique (réglementée) du canyoning.

Départ : gorges de Galamus, n°1 « Las Ribes ».
Accès : de Saint-Paul-de-Fenouillet, partez au nord par la D7 vers Cubières et Galamus. Garez-vous sur le parking n°1 « Las Ribes », sur la gauche environ 500 m avant l'entrée des gorges, en venant de Saint-Paul.
Difficulté : randonnée sans difficulté mais plutôt longue. Succédant à une douce mise en jambes, une longue et forte côte précède une descente tout aussi éprouvante. Période : toute l'année. En été, prévoyez deux litres d'eau par personne.

P'tit plus

- Visite de l'ermitage Saint-Antoine, ouverture de Pâques à mi-novembre de 12 h à 18 h 30, 04 68 73 70 98.
- Restaurants à Saint-Paul-de-Fenouillet :
  - Le Pouss'Café, toute l'année, de 6 h 30 à 23 h en saison estivale, 04 68 59 02 58.
  - Le Relais des Corbières, 04 68 59 23 89.
  - Mas Peyre, restaurant bar à vins, 06 18 70 62 24.
  - Le Petit Chapitre, 09 86 21 51 10.

Itinéraire

À la sortie du parking sur la D7, descendez sur le chemin de DFCI tout de suite à gauche. Après un virage à droite, dans une descente, Saint-Paul-de-Fenouillet se profile au fond de la vallée, en face. À partir de ce moment, bien surveiller, sur le côté gauche, l'amorce d'un chemin peu évident ❶ partant à angle droit entre une vigne et une haie de broussaille. Suivez ce chemin qui oblique rapidement à gauche, puis à droite. Juste après le virage à droite, éloignez-vous de la vigne vers la gauche et descendez par le premier sentier. Rejoignez la D7. Suivez-la à droite sur quelques mètres, puis montez sur le chemin à gauche. Il se divise rapidement en Y : montez à gauche. Ignorez un départ de chemin à gauche et progressez sur la piste qui oblique à gauche (col de Corbasse). Lorsque la piste s'arrête, il faut continuer sur le sentier en face et monter longtemps pour atteindre le Pla de Brézou (665 m). Replat herbeux, ancienne zone de pâturage. Déboucher sur le Sentier Cathare GR®367 que vous suivez à gauche ❷ dans la végétation vers l'« Amont des gorges ». Il file ensuite en limite supérieure du pré jusqu'à atteindre la base du Pech d'Auroux (10 min). La pente se redresse nettement (plein ouest) pour atteindre un premier point haut (929 m). Le sentier redescend derrière (il perd 40 m) vers la combe de Sarraoute et traverse à flanc vers un replat dégagé (910 m), juste sous le Pech d'Auroux. Près des deux cairns, très belle vue sur Saint-Paul, le Fenouillèdes, le Pech de Bugarach. La descente se prolonge à l'ouest face au Pech. Après une clairière,

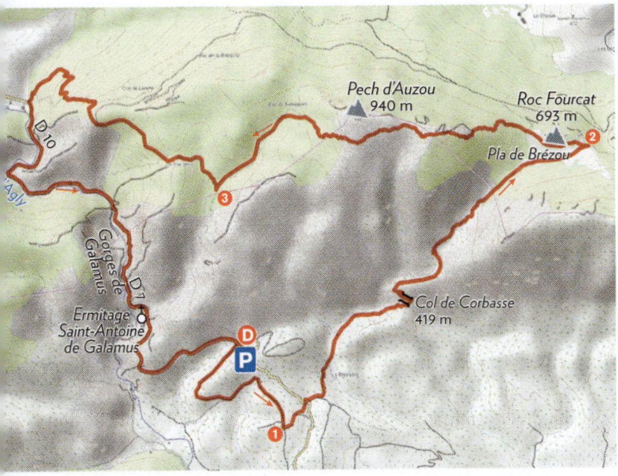

la trace se faufile dans la forêt et chemine bientôt en rive gauche du lit d'un ruisseau asséché.
Intersection de sentiers (630 m) **3** : laisser à gauche la direction de Saint-Paul (balisage jaune, retour direct vers la D7 et le point de départ) et suivre à droite la direction de Cubières (balisage bleu et jaune). Remonter dix minutes dans la coume Daniel pour passer le col boisé das Souls, non signalé. La descente reprend ; laisser ensuite une sente raide sur la gauche (panneau « Descente rapide ») et filer tout droit. Très beau parcours en balcon au-dessus des gorges de Galamus par une vire aux senteurs méditerranéennes.
Petit replat (640 m) avec large chemin venant de la droite (balisé variante équestre). Le laisser et prendre juste après un sentier qui descend dans la forêt. Par des lacets réguliers, perdre de l'altitude dans le bois de Merlano, frôler une ruine et parvenir bientôt sur la D10 (414 m) **4**, juste en face de l'ancien moulin de Cubières (restaurant et snack du Vieux Moulin, possibilité

Orpin annuel.

de camping). Bifurquer sur la variante sud du Sentier Cathare (par Puilaurens), vous longez la route à gauche au cœur des gorges de Galamus. L'itinéraire consiste à suivre l'asphalte au sud sur 4 km jusqu'au parking de départ, parcours en balcon improbable au sein de tant de verticalité calcaire. Circulation automobile importante (mais lente) en pleine saison touristique, rester prudent.

L'ascension du Pech d'Auroux

À l'aplomb du Pech d'Auroux, grimper plein nord par un des passages à travers la végétation basse. Quelques cairns vous guident. Revenir sur vos pas sur le GR®367.
(AR : 0,5 km • 0 h 20 • 30 m+)

Rando n°2

Du château de Peyrepertuse au sommet de la Quille

Cette randonnée du jour sera bien entendu aussi l'occasion de visiter le château de Peyrepertuse. Juché comme l'étrave d'un navire posée sur le bord de la falaise, imprenable, le château de Peyrepertuse, l'un des « cinq fils de Carcassonne », occupait une position stratégique permettant à la fois de surveiller les territoires des Corbières et du Fenouillèdes, de contrôler les cols et de communiquer par signaux avec le château de Quéribus. L'emplacement intéressait déjà les Romains de l'Antiquité ainsi que des fouilles récentes le confirment. Telle que nous pouvons la voir, la forteresse actuelle est le résultat d'édifications successives. On peut encore distinguer, sur l'esplanade de l'est, le château primitif du comte de Besalù et la chapelle du XIIe siècle. Sur ordre de Louis IX (Saint Louis, 1215-1270), le donjon Saint-Jordy, doté de son propre système de défense, est bâti à l'ouest du vieux château. On y accède par un escalier vertigineux taillé dans le roc, le long de la paroi. Quasiment plein sud par rapport au château, de l'autre côté de la vallée, dépassant de la muraille rocheuse, se dresse la Quille, but de notre excursion.

12 SAINT-PAUL-DE-FENOUILLET • CUCUGNAN

Départ : parking inférieur du château de Peyrepertuse.
Accès : depuis Couiza (entre Quillan et Limoux), empruntez la D613, puis la D14 vers Bugarach, Cubières, Duilhac. Garez-vous sur le niveau inférieur du parking du château de Peyrepertuse (premier parking en bas du château).
Difficulté : aucune. Partez tôt et évitez la saison chaude. En fin de parcours, il faudra remonter jusqu'au parking !
Période : printemps, automne.

P'tit plus

■ Restaurants à Duilhac :
- Auberge du Moulin, 04 68 48 95 34.
- L'Aouzine, 06 10 62 24 79.
- Le Donjon de Peyrepertuse, 06 44 01 40 02.
- Auberge La Batteuse, 06 19 50 53 99.

Itinéraire

Du parking, prenez le sentier qui se trouve au bout du parking, à l'opposé de la route d'accès. Il permet de descendre en raccourci pour retrouver la route un peu plus bas. Suivez-la à droite en descente. Dans cette descente, dans l'épingle à cheveux, quittez la route 1 pour aller à droite, sur une piste, vers la bergerie de Bugamus. Passez devant la bergerie de Bugamus. Marchez sur la piste – abandonnant le GR® à droite 2 – jusqu'à ce qu'elle se divise parfaitement en deux au col de Laprès 3. Prenez le sentier en face. Il part à l'assaut de la pente dans la végétation. Suivez-le jusqu'au Pla de Sarrat du Miech et poursuivez jusqu'au point culminant de la Quille (966 m). Le retour se fait par le même chemin, en sens inverse.

Le château de Peyrepertuse.

Variante

Cette randonnée peut être envisagée au départ du parking des gorges de Galamus n°1 Las Ribes (voir rando précédente) duquel on rejoint le col de Laprès via le GR®36.

ITINÉRAIRE
13,2 km
4h00
620 m+

Rando n°3

Cucugnan et le château de Quéribus

Cucugnan, le nom de ce petit village, construit sur une colline surmontée d'un moulin à vent toujours en activité, ne peut manquer d'évoquer en chacun l'histoire du curé de Cucugnan. La version la plus connue de l'histoire du malheureux curé de ce village, contraint d'employer un stratagème pour remplir les travées désespérément vides de son église, est sans doute celle d'Alphonse Daudet (1840-1897). Elle n'est cependant que l'adaptation en français d'une histoire écrite en provençal par Joseph Roumanille (1818-1891), lui-même s'étant directement inspiré d'un texte rédigé en 1858 par Blanchot de Brenas qui, de passage à Cucugnan, avait réellement rencontré l'abbé Ruffié. Cependant, au théâtre de Cucugnan, c'est encore une autre version, écrite par Achille Mir (1822-1901) et adaptée par Henri Gougaud, qui est jouée. Grimpons maintenant à 728 m d'altitude, au sud du village, pour découvrir Quéribus. Paraissant imprenable, avec son donjon massif de forme polygonale, en équilibre sur son promontoire rocheux, il est conçu de telle manière qu'une vingtaine d'hommes suffisaient à en assurer la défense. Faisant partie des ultimes bastions cathares, il tomba cependant aux mains des croisés en 1255. Il faut dire qu'à cette époque, il n'avait pas l'aspect que nous lui connaissons aujourd'hui.

Cucugnan : parking en face de l'office de tourisme.

Accès : depuis Couiza (entre Quillan et Limoux), empruntez la D 613, puis la D 14 vers Bugarach, Cubières, Duilhac et Cucugnan. Garez-vous sur le parking situé en face de l'office de tourisme, en bordure de la D 14.

Difficulté : pas de difficulté jusqu'au parking du château de Quéribus. La descente qui suit est raide et ravinée mais heureusement aménagée (marches en bois à emprunter impérativement).

Période : toute l'année.

P'tit plus

- Château de Quéribus.
- Cucugnan : son moulin à vent, l'église Saint-Julien-et-Sainte-Basillisse et sa statue de Vierge enceinte, l'espace audiovisuel Achille-Mir.
- Restaurants à Cucugnan :
  – L'Auberge du Vigneron, 04 68 45 03 00.
  – Bar du Vigneron, 06 84 55 93 44.

Version longue

Du parking, traversez la D14 et montez dans le village, à droite de l'office du tourisme. Traversez le village (il n'y a qu'une seule rue) et descendez vers la D 14. Traversez

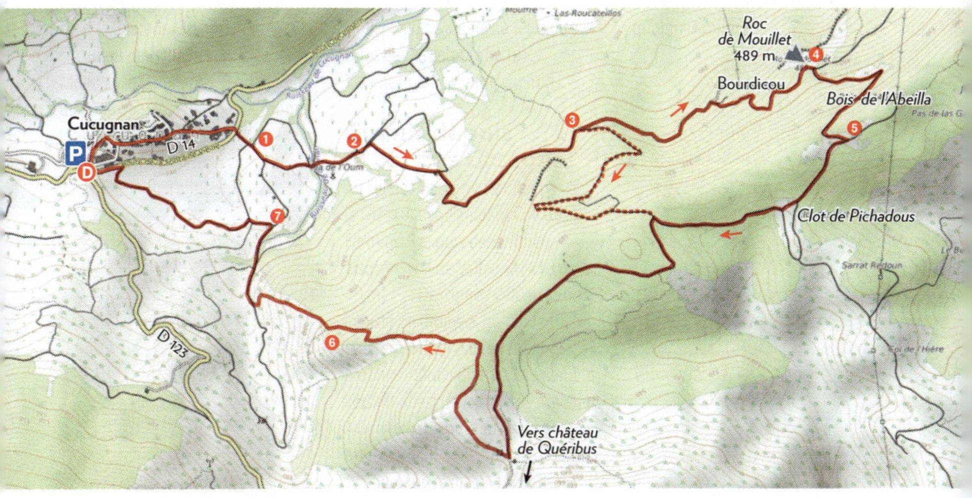

et continuez en face sur une petite route. Laissez une route à droite et une autre à gauche. Au Y 1 allez à gauche. Ignorez deux autres voies à gauche ; au carrefour 2, allez à droite. Montez toujours tout droit par la route au bitume usé, jusqu'à la fin du goudron 3.
Là, deux chemins se présentent en face : prenez celui qui descend à gauche. 700 mètres plus loin, quittez-le pour prendre le premier chemin qui monte à droite. Il débouche dans une prairie. Longez-la à droite sur 40 m, puis montez à droite sur une piste 4. Jonction avec le GR®367 que vous suivez à droite.
Au parking du château de Quéribus (602 m) 5, toujours sur le GR®367, montez à la pointe la plus élevée du parking et poursuivez. Plus loin, vous descendez la pente raide aménagée en escalier constitué de marches en bois. Arrivé à une petite route, prenez à gauche.

100 mètres plus loin 6, laissez le GR®367 à droite et suivez la petite route à gauche à gauche jusqu'au village.
Arrivé à la D14, prenez à gauche jusqu'au parking.

Version courte

Du point 3, prenez à droite, en montant plus raide en forêt. Suivez cette piste sur 1,3 km env. avant de retrouver le GR®367 que vous empruntez à droite.

VERSION LONGUE
10,2 km
3h40
450 m+

VERSION COURTE
8,5 km
3h00
410 m+

L'éperon de Quéribus dans la brume.

Rando n°4

Duilhac et le moulin de Ribaute

Le prestige des ruines du château de Peyrepertuse, une des « citadelles du vertige », plane au-dessus du village de Duilhac. Son accès n'est pas tout à fait adapté aux pieds de nos chers bambins « émiliens », mais le parcours vers le moulin de Ribaute les ravira davantage. Les eaux en cascade du Verdouble sont assurément les points forts de cette virée. La crête calcaire de Vente Farine permet de les dominer et de les admirer avant de les rejoindre à la hauteur des ruines du moulin de Ribaute. L'envie ne manque pas de remonter le cours d'eau et de plonger dans ces baignoires naturelles mais la baignade est interdite (la sécurité est à ce prix). Le circuit lèche ensuite quelques parcelles de vignes mais se déroule surtout en terrain sauvage sous les chênes verts. Pourtant, autrefois, l'olivier était choyé sur ces terrains rocailleux et difficiles : les olives vertes ou noires (selon leur maturité) gorgées d'huile étaient pressées au moulin de Ribaute, réputé pour ses eaux claires. Enfin, la visite du village complète cette petite journée en plein cœur du Pays Cathare.

Le Verdouble.

Départ : Duilhac-sous-Peyrepertuse.
Accès : depuis Tuchan, dirigez-vous vers Paziols sur la D611 pour prendre ensuite la D14 vers Padern. Poursuivez sur Cucugnan pour continuer en direction du château de Peyrepertuse et ainsi atteindre le village de Duilhac-sous-Peyrepertuse. Laissez la montée vers le château à gauche et garez-vous à l'entrée du village.
Difficulté : aucune.
Période : toute l'année.

P'tit plus

- Château de Peyrepertuse.
- Restaurants à Duilhac :
  - Auberge du Moulin, 04 68 48 95 34.
  - L'Aouzine, 06 10 62 24 79.
  - Le Donjon de Peyrepertuse, 06 44 01 40 02.
  - Auberge La Batteuse, 06 19 50 53 99.

Itinéraire

Allez tout droit dans la rue et dépassez ainsi une petite épicerie. Sur le bord du village entre le platane et les containers, empruntez le chemin à droite qui descend dans les jardins. Un sentier prend le relais et débute par une grande marche à l'ombre des arbres. Plus haut, traversez une partie rocheuse flanquée d'une vieille croix. Au-dessus, le sentier fait un S vers la gauche.

1 Vous débouchez près de la route juste avant le col de la Croix Dessus (large espace de stationnement). Empruntez le chemin gravillonné à droite. Rapidement, à la bifurcation, descendez à droite. Ce chemin court à flanc et à un moment fait face au village de Duilhac. Ensuite, il vire à 90° vers la gauche, entre deux roches, et passe devant un cimetière de voitures (sauvage).

2 Dans l'épingle suivante, quittez ce chemin pour le sentier en face qui se faufile sous les arbres. Plus loin, la trace descend sur la roche calcaire en bordure de falaise qui domine le torrent en cascade du Verdouble.

3 En bas, vous débouchez sur un petit chemin à droite du moulin de la Ribaute (en ruine) que vous pouvez aller voir en aller et retour. Prenez à droite le sentier qui remonte doucement le vallon. Le sentier débouche sur une vigne que vous longez tout droit d'abord avant de virer à gauche ensuite et à droite enfin. Suivez son chemin d'accès puis abandonnez-le quand il vire à gauche 4 pour continuer tout droit sur le sentier.

Sous le village, vous arrivez par les jardins. Après le ruisselet, suivez la murette à droite puis le chemin plus haut aussi à droite. Il débouche sur la route à l'entrée de Duilhac.

ITINÉRAIRE
5,3 km
1h45
180 m+

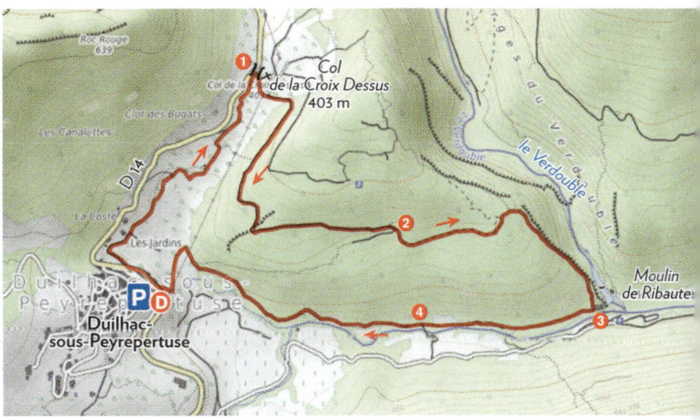

13

ILLE-SUR-TÊT • PRADES

VUE IMPRENABLE SUR LE CANIGOU

Porte d'entrée du Parc naturel régional des Pyrénées catalanes, Prades est comme posée sur les contreforts nord du Canigou et marque également le commencement de la vallée de la Têt. La capitale du Conflent, zone agricole réputée pour ses généreux vergers, est le point de départ de nombreuses randonnées permettant d'admirer la montagne sacrée des Catalans (qui culmine à 2784 m). Non loin de Prades, le village d'Eus est situé plein sud, accroché à la montagne face au mont Canigou. Entouré par un cirque de hautes montagnes, qui atténuent les vents dominants (Tramontane, vent d'Espagne et vent marin), Eus dispose d'une configuration qui crée d'importants effets de Foehn et permettent au village de bénéficier d'un ensoleillement unique, au point d'être souvent classé comme le lieu le plus ensoleillé de France. Plus bas dans la vallée, Ille-sur-Têt est une petite ville de plaine depuis laquelle partent de nombreux chemins pittoresques, notamment en direction des fameux orgues: des «cheminées de fée» sous la forme de colonnes de roche tendre surmontées d'une coiffe plus résistante sculptées par l'érosion. Dans cette partie assez sauvage des Pyrénées-Orientales, la nature est partout en extase.

Ci-dessus : le lac de Vinça et le Canigou. © Wikimedia Commons / Maxime Raynal
Page de droite: les Orgues d'Ille-sur-Têt et le Canigou (rando n°1).

PRATIQUE

Quand venir

■ Toute l'année.

Y aller

■ **En voiture :** depuis Perpignan, prendre la D900 direction A9/Prades/Grand Saint Charles, puis suivre la D66 jusqu'à Prades.

■ **En transports en commun :** depuis Perpignan, le bus liO 520 part de la gare routière du boulevard Saint-Assiscle plusieurs fois par jour pour rejoindre Ille-sur-Têt et Prades.

Sur place

■ Il n'existe pas de systèmes de navette de bus intercommunal.

Se loger

■ **Best Western Le Vauban :** le seul hôtel de Prades propose des chambres climatisées et dispose d'une piscine extérieure ouverte en saison. 04 68 05 22 66.

■ **La Belle d'âme :** située à Prades dans une maison bourgeoise du XIXe siècle rénovée avec goût, cette maison propose trois chambres d'hôtes de charme pour un séjour réparateur entre la terrasse et le jardin intérieur. 06 90 30 07 90.

■ **Casa Ilicia :** une maison d'hôtes bioclimatique à Eus disposant de 3 chambres (dont 1 chambre insolite), avec vue imprenable depuis la terrasse, sur le Canigou. 06 95 34 15 32.

■ **Camping Lac de Vinça*** :** disposant de 109 emplacements ombragés, ce camping 3 étoiles est situé au bord du lac de Vinça, entre Prades et Rodes. Ouvert de mars à septembre. 04 34 52 94 60.

13 ILLE-SUR-TÊT • PRADES

Figue de barbarie à Rodès (rando n°3).

Envie d'autres expériences ?

■ Installé à Los Masos, à quelques kilomètres de Prades, Canyoning Expérience propose toute une gamme d'expériences de **canyoning** à Prades, mais aussi à Vernet-les-Bains ou plus proche encore du Canigou en été, en automne, au printemps. Cerise sur le gâteau : on peut même faire du canyoning en hiver ! En effet, un circuit est proposé dans les eaux chaudes et sulfureuses à 35°C de Thuès-les bains. 06 89 04 58 92.

■ Situé à Marquixanes, près d'Eus, Extérieur Nature est le plus grand **parc accrobranches** du département. Situé en forêt, il dispose d'un espace de jeu de 2,5 hectares et propose douze parcours pour tous les âges et tous les niveaux, Ouvert d'avril à septembre. 04 68 05 72 12.

■ Disposant d'un beau bassin de 25 mètres en plein air, la **piscine municipale** de Prades est située à l'entrée de la Plaine Saint Martin. Ouverte de juin à août de 10 h 30 à 19 h, elle dispose également d'un bassin pour enfants et d'une pataugeoire. 04 68 96 41 30.

À VOIR / À FAIRE

■ L'impressionnant prieuré de Serrabone dans la vallée du Boulès, solitaire et perché dans un paysage austère, à quelques kilomètres de Bouleternère. 04 68 84 09 30.

■ Dans les Aspres, non loin de l'église de Fontcouverte, le village médiéval de Castelnou a conservé toute son apparence militaire avec ses 8 tours et 4 portes disposées aux quatre points cardinaux. 04 68 28 32 38.

■ Située au pied du Canigou, l'abbaye Saint-Michel de Cuxa est remarquable avec son imposant clocher roman. Érigé à partir du xe siècle, cet ensemble architectural préroman est l'un des plus importants d'Europe. Il est toujours occupé, depuis douze siècles, par des moines bénédictions. Des visites guidées sont proposées en été, hors saison visites que pour les groupes ayant réservé. 04 68 96 15 35.

Ruines de Saint-Barthélemy (rando n°2).

COUP DE CŒUR

■ Le splendide panorama sur le Canigou et le prieuré de Marcevol depuis le col de Guers à Arboussols, sur une petite boucle ponctuée de pistes forestières non loin d'Eus.

ASTUCE RANDO

Même si une partie des circuits sont des pistes forestières, il peut y faire très chaud l'été. Partir à la fraîche, et bien équipé.

ENVIE D'AUTRES BALADES ?

- La vallée de la Castellane, depuis le village de Catllar près de Prades. Balade de 2h30 avec 200 m de dénivelé.
- Au sud du lac, une randonnée autour de Vinça, à la découverte de quatre de ses villages que sont Vinça, Finestret, Joch et Rigarda. Randonnée facile de 3h30 avec 130 m de dénivelé.
- Depuis Ille-sur-Têt jusqu'à Rodes, une boucle passant par Montalba-le-Château. Une randonnée découverte des anciens canaux d'irrigation de ces territoires en terrasse autrefois couverts de vignes. Parcours de 20 km avec 500 m de dénivelé.
- Au-dessus de Prades, depuis le parking après le col de Milleres, l'ascension du Canigou par le refuge du Portalet et le pic Joffre. Le dénivelé est important (1 850 m+ !), aussi il est préférable de passer la nuit au refuge. Toutes les infos dans *Pyrénées-Orientales* dans la collection « Le Guide Rando », Rando Éditions.

Ci-dessus : **dolmen (rando n°2).**
Ci-dessous : **le village d'Eus (rando n°4).**

13 ILLE-SUR-TÊT • PRADES

Rando n°1

D'Ille-sur-Têt vers le Puig Pedros

ITINÉRAIRE
11,6 km
3h30
300 m+

Les bords de la Têt sont un espace de détente privilégié pour les habitants d'Ille. Ce parcours assez récent, «inspiré» par la mairie, nous invite depuis les bords de cette rivière à gagner ce lieu étonnant résultant d'un passé glaciaire. De magnifiques amas de roches granitiques coiffent chaque relief: crêtes ou puigs insensibles aux vents et au soleil. Parfois la végétation s'y accroche ou plutôt s'y protège. Malheureusement, un incendie en août 2005 a ravagé la forêt, des pins surtout, et a modifié pour longtemps son aspect. Une végétation buissonnante faite de genêts et de grande bruyère a recouvert assez rapidement le sol, mais il faudra beaucoup plus de temps pour les arbres. Un maillage de pistes DFCI défend maintenant ce territoire qui ne manque pas de charme face au Canigou. Les randonneurs en utilisent certaines portions et les possibilités de boucles sont nombreuses. Celle qui vous est proposée ici fréquente les abords du Puig Pedros pour revenir par le village ruiné de Cazenoves et finir en bordure de la Têt.

Départ : Ille-sur-Têt.
Accès : atteignez Ille-sur-Têt par la N116, prenez ensuite la direction des orgues. Après le pont sur la Têt, suivez la direction du plan d'eau. Garez-vous sur le parking près de ce dernier (aire de pique-nique).
Difficulté : attention aux autres circuits… bien suivre le descriptif. Balisage jaune.
Période : toute l'année.

Itinéraire

Partez par le chemin goudronné sur environ 450 m pour prendre ensuite un sentier à droite marqué : Puig Pédros. Il monte assez raide dans sa première partie ; vous laissez un autre sentier à gauche. Après une petite crête, l'itinéraire descend un peu et navigue à travers les anciennes terrasses. En remontant, vous ignorez une autre branche qui part à gauche.
Piste DFCI (1). Vous allez à droite sur 50 m avant de reprendre, au-dessus du talus, un sentier à gauche qui monte à travers les cistes. Vous franchissez un petit sommet pour ensuite passer sur le flanc droit du Sarrat dels Maillols.
Carrefour avec une piste (2) : suivez-la à droite (malgré la balise qui indique le contraire sur l'arbre : autre itinéraire). 150 m plus loin, poursuivez à gauche à la bifurcation. Vous dépassez une ruine et, 100 m après, virez sur un petit chemin à gauche qui se prolonge par un sentier. Celui-ci descend fortement avant d'atteindre le fond du vallon (Correc).
Fourche (3) au pied du Puig Pédros (borne frontière au sommet, à 437 m) : vous avez le choix de prendre à gauche pour accéder au sommet du Pédros ou poursuivre à droite par le Circuit des Tours comme suit. Après une cabane et un petit col à droite du Puig Pédros, vous descendez assez raide dans un autre Correc.
Juste avant une piste, poursuivez sur le sentier à gauche (4). Il franchit une petite crête, descend un peu puis se déroule à plat sur le flanc avant de remonter pour franchir une autre crête. Laissez ensuite un autre sentier à droite pour descendre tout droit.
Sur une crête, carrefour d'itinéraires (5) : prenez à gauche en laissant le circuit Ombre et Lumière partir

Ille-sur-Têt.

à droite. Longez la crête un instant avant de descendre longuement à flanc. Le sentier a été aménagé de petits tremplins pour le VTT.

Vous aboutissez au-dessus d'une ferme (élevage de chèvres). Un peu plus loin, vous suivez son chemin d'accès qui devient goudronné.

Croisement de chemins 6 : vous retrouvez le circuit du Puig Pédros à suivre à droite toujours sur le goudron.
Carrefour près de l'église de Casanoves 7 : poursuivez à droite. 200 m plus loin, au carrefour, vous pouvez continuer sur le chemin goudronné pour revenir au point de départ ou bien suivre entre deux vergers le chemin blanc à droite. Ce dernier vire à droite un peu plus loin. Au carrefour suivant, prenez à gauche ce chemin qui longe un peu plus loin la Têt. Tout droit, il vous ramène au plan d'eau que vous dépassez pour traverser sur la passerelle en fer, puis celle en bois pour atteindre le parking.

Rando n°2

Bélesta et le pic Aubeill

Le nom Bélesta est d'origine occitane : le bel estar signale un lieu bien exposé. C'est bien la première impression qui vient à l'esprit dès que l'on prend un peu de hauteur sur ce circuit. Un château, l'église Saint-Barthélemy, des dolmens, des bornes frontières et de la vigne : tout un patrimoine varié qui jalonne l'histoire de cette commune.
Le cheminement autour de Bélesta révèle que la vigne a beaucoup reculé sur cette terre aride, mais elle reste néanmoins présente. La cave coopérative fermée depuis plus de 20 ans a retrouvé vie dans une réhabilitation privée où un hôtel-restaurant et une boutique vinicole ont pris le relais. C'est un sacré défi au cœur de ce petit village.

Départ : Bélesta.
Accès : d'Ille-sur-Têt, gagnez Bélesta par la D21. Traversez Bélesta pour vous garer sur le petit parking de la mairie.
Difficulté : aucune ; balisage jaune.
Période : toute l'année.

P'tit plus

■ Domaine Riberach, Bélesta, riberach.com, 04 68 50 30 10.

Itinéraire

Du parking de la mairie, descendez la petite route en dessous (rue des Loisirs). Vous dépassez un autre parking, le camping, puis l'aire de vidange des camping-cars. Au carrefour en bas, empruntez à gauche la voie bétonnée sur 100 m pour progresser ensuite sur le chemin à droite. Sur le haut, ignorez un chemin à droite, puis à la bifurcation plus bas continuez sur le chemin de terre à droite.
Prenez la petite route à gauche 1. En bas, 40 m avant le pont, obliquez sur le chemin à droite et, 100 m plus haut au carrefour, virez à gauche.
Vous êtes sur la D38 : allez à gauche pour traverser le pont et juste après prenez à droite le chemin du milieu. Juste au-dessus continuez sur le chemin goudronné qui devient en terre plus loin.

2 Au carrefour, montez à droite une piste DFCI qui vire vers la gauche un peu plus haut. Cette piste monte doucement et longuement en formant des lacets qui ouvrent une belle vue sur le Canigou tout en dominant le village de Bélesta. Vous traversez une plantation de cèdres dont la forme en drapeau indique bien le sens du vent dominant. Sous la ligne électrique, laissez un chemin à droite.
3 Croisement d'itinéraires (à droite, vous pouvez monter au pic Aubeill, 540 m ; 10 min aller et retour) : descendez à gauche en passant une chicane dans la clôture. Le sentier frôle un pylône. En bas suivez le chemin à droite, il contourne par la droite les ruines de

13 ILLE-SUR-TÊT • PRADES

la chapelle Saint-Barthélemy. Plus loin, laissez le chemin d'accès à la chapelle à gauche pour contourner une haie de cyprès (villa).
Au croisement suivant, poursuivez en face. La vue se porte sur le lac de Caramany. Dépassez un dolmen dans un virage et, peu après, laissez un chemin à gauche.
Carrefour avec le chemin qui mène au dolmen (visible 100 m à gauche) : continuez sur le chemin goudronné devant vous en ignorant la croix et tous les embranchements suivants.
Croisement de la D17 et de la D21 (vous pouvez rejoindre Bélesta à gauche si vous ne souhaitez pas poursuivre le circuit). Allez en direction de Montalba, laissez un premier chemin à gauche pour prendre le suivant à gauche aussi (panneau : Sentier d'Émilie). Il monte d'abord puis descend.
Grotte. Le chemin plus étroit descend aussi plus fortement.
Au carrefour, plus bas, l'itinéraire vire à droite 4 puis deux fois à gauche afin de contourner une vigne. En bas, il se poursuit tout droit et un peu plus haut prend à gauche à la bifurcation.
Passez un gué en béton. À la fourche suivante allez à droite sur un petit chemin (à la hauteur d'une cabane : accès au puits à glace : 5 min AR).
Carrefour de chemins : laissez l'itinéraire VTT à droite 5, prenez à gauche où, 100 m plus loin, vous allez suivre à droite le ruisseau de Crabayrisse avant de le traverser au-delà. Au panneau explicatif commence l'ancien canal que vous suivez un moment.
Descendez la piste à droite et dans le virage laissez partir à gauche le « parcours d'eau ». Traversez le gué et suivez longuement la piste qui remonte. Après une ruine, laissez un chemin à gauche (vous retrouvez l'itinéraire VTT).
Carrefour en T : rencontre avec le circuit des Tours, poursuivez à gauche 6. Ignorez d'un côté l'accès à la borne frontière à gauche, et de l'autre au genévrier remarquable (près d'une cabane). 30 m après allez à gauche en laissant le circuit des Tours. Vous descendez sur un vieux chemin érodé.
Traversez à gué le ruisseau de Crabayrisse, plus large. Au-dessus, l'itinéraire prend une fois à droite puis à gauche. Sur le haut, il ignore un embranchement, puis juste au-dessus, à un carrefour large, vire à gauche cote 283 m). À la fourche proche, il continue à droite. Il passe entre deux murettes un peu loin.
Carrefour 7 au-dessus d'une décharge de gravats : empruntez la petite route à gauche. Vous ignorez un autre chemin goudronné puis

ITINÉRAIRE
15,1 km
4h20
410 m+

les autres chemins de terre. Au carrefour avec un poteau électrique 8, quittez le goudron pour aller tout droit sur le chemin. Goudron que vous retrouvez un peu plus loin tout en dominant Bélesta.
À l'entrée du village, prenez la rue du Château en passant sous le porche. Après le deuxième porche, laissez l'église à gauche pour descendre la petite rue à droite. Après un autre porche, prenez la rue Principale à gauche pour retrouver la mairie et son parking.

Rando n°3

Rodès

Créé sur un site stratégique protégé sur son versant ouest par les gorges de la Guillera creusées par les eaux de la Têt, le vieux village de Rodès est adossé à un éperon rocheux flanqué des ruines du château. Ce fort outre sa mission de surveillance de la vallée offrait une protection à la population du village en cas de conflit. Les ruelles en espalier, héritage d'une organisation moyenâgeuse, participent aux charmes de Rodès. En balcon remarquable, le cheminement proposé se déroule de l'autre côté des gorges, à travers les anciennes terrasses rocheuses cultivées autrefois. Le phylloxéra a fait disparaître la vigne de ces coteaux ensoleillés. Les murettes en pierre sèche et quelques orris perdus dans le maquis en sont les derniers témoignages. À partir de 1915 et durant une vingtaine d'années, ces pentes connurent une forte activité avec l'ouverture de carrières de granit qui fournissaient des pavés de très bonne qualité pour les rues et les routes du grand sud. Il en reste les emménagements et des chemins qui vous conduiront sur les hauteurs afin de réaliser une belle boucle face au Canigou.
Boucle que vous pouvez prolonger un peu en passant par les ruines de Les Cases, sans doute pas les vestiges les plus impressionnants des Pyrénées-Orientales, mais ces lieux sont toujours empreints d'une ambiance particulière.

Départ : Rodès.
Accès : sur la D916 entre Vinça et Ille-sur-Têt, prenez la D16 pour gagner Rodès. À la bifurcation (un parking à droite), prenez à gauche vers la mairie et l'école. Juste avant cette dernière (panneau sens interdit), garez-vous sur le petit parking à gauche.
Difficulté : aucune, si ce n'est où une portion rocailleuse dans la descente sur Rodès où il faut être prudent et surtout bien chaussé !
Période : toute l'année.

Circuit court

Dépassez la mairie afin de virer à gauche vers la place Major (gros platane au centre) et suivre la rue à droite. Plus loin dans cette rue, virez à gauche dans la carrer de la Casa Trencada en direction des gorges de la Guillera et du sentier des orris. Vous dépassez les dernières maisons avant de traverser le pont sur la Têt. Suivez la piste à gauche.
Quelques mètres après un panneau de randonnées, engagez-vous à droite sur le sentier de la « carrière » (balisage jaune).
1 L'itinéraire monte à flanc et permet un regard privilégié sur le beau village de Rodès. Il passe entre deux roches.
Il dépasse le site des carrières où le replat est le bienvenu. Vous y laisserez un embranchement à droite (quelques marches).
Vous dépassez un orri avant d'atteindre une première bifurcation 2 où vous poursuivez sur le sentier de gauche. Quelques minutes plus loin à l'autre carrefour, suivez à gauche la direction de « La Borbone ». La trace fait son chemin à travers le maquis.
Vous laissez à droite la direction de la Borbone (panneau) pour descendre encore un peu.
3 Assez vite dans la remontée n'oubliez pas de prendre le premier sentier à gauche marqué par une croix jaune et un balisage de flèches bleues.
Ce sentier passe ainsi deux crêtes puis descend face au Canigou.
Vous rejoignez ainsi le sentier de Sabardane 4 où vous entamez

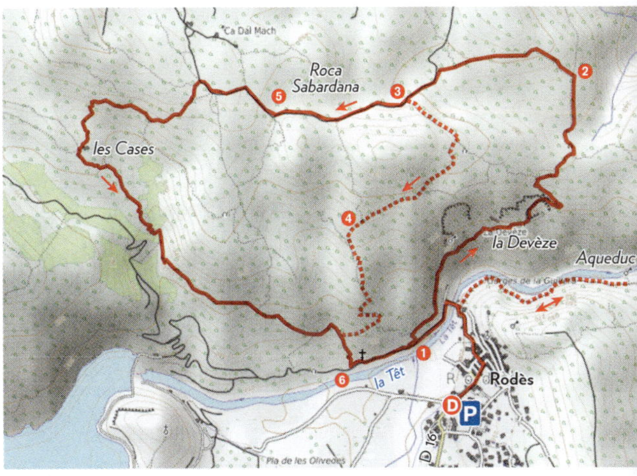

Rodès.

CIRCUIT COURT
6,2 km
2h00
250 m+

CIRCUIT LONG LES CASES
8 km
2h30 à 3h00
310 m+

franchement la descente vers le vallon de la Têt le long de murettes et parfois entre deux. La prudence est de mise sur ce parcours rocailleux où il est conseillé d'être bien chaussé. À deux reprises vous continuerez à descendre à gauche avant de retrouver la piste du début. Il suffit maintenant de la reprendre à gauche pour revenir au village de Rodès et à votre point de départ.

Circuit par les ruines de Les Cases

Au point 3, poursuivez tout droit direction Roca Sabardana. Arrivé à un Replat 5, descendez dans le Correc dels Cortals avant de remonter aux ruines de Les Cases.
De l'ancienne église, descendez par le sentier à gauche. Il se poursuit en descente jusqu'à la jonction du large chemin le long de la Têt 6.

Un petit AR dans les gorges de la Guillera

Pour compléter votre rando du jour, juste avant le pont sur le Têt, prenez le sentier à droite et longer le cours d'eau jusqu'au pont aqueduc d'en Labau (AR env. 1,5 km, 30 min)

Rando n°4

D'Eus à Coma

ITINÉRAIRE
8,7 km
2h30 à 3h00
390 m+

Eus, perché sur la rive gauche de la vallée de la Têt, attire irrésistiblement le regard. Ce village magnifique s'appuie sur le relief pour nous offrir une cascade de maisons et de ruelles dominées par l'église du xviiie siècle bâtie sur les bases d'un ancien château. La flânerie au cœur de ce dédale de ruelles et d'escaliers devient un passage obligé pour qui veut s'imprégner de toute la beauté du site. Chaque recoin et chaque marche participent à la découverte sous le soleil qui illumine sans retenue la pierre blanche et les tuiles rouges. Les jardins fleuris, la vigne et la végétation méditerranéenne se nourrissent de cette abondance de lumière et animent une certaine douceur de vivre. Vers Coma, dans le vallon très agréable de Ribeille jalonné de grosses roches arrondies, le chemin des Sources se faufile dans l'ombre bienveillante des chênes verts. Un jeu de pistes en légère montée se poursuit au-dessus de la forêt et permet d'apercevoir, sur la crête, la silhouette fière et éternelle de la chapelle de Coma. Cet ancien village abandonné, à l'exception d'une seule maison, n'est plus que ruine où le vent s'infiltre et murmure à travers les pans de murs encore debout. Une atmosphère particulière règne dans ce lieu qui parait loin du monde mais offre sans limite un regard privilégié sur le massif du Canigou.

Départ : Eus.
Accès : à la hauteur de Marquixanes, sur la N116 entre Vinça et Prades, prenez la D35A puis la D35 à droite pour rejoindre Eus. Montez en haut du village et garez-vous sur le parking près de la mairie.
Difficulté : aucune.
Période : toute l'année.

P'tit plus

■ Le Galie : ce restaurant de Prades, qui dispose d'une jolie salle avec terrasse à l'étage, propose une cuisine du marché dans l'air du temps. Menus à prix très convenables. 04 68 05 53 76.

Itinéraire

Au-dessus du parking, dirigez-vous vers le village et dès la première maison (la mairie) montez son escalier pour passer devant. Au-dessus, prenez à gauche la première rue « Carrer de Coma » qui se prolonge rapidement par un sentier. À la bifurcation, suivez à gauche la direction « Coma ».

❶ Plus haut, carrefour avec un poteau directionnel*, allez à droite (ancienne croix rouge et jaune). Vous allez passer devant une maisonnette et une vigne. Après la crête dans la descente, suivez à gauche le chemin des sources. Ce sentier très agréable monte par petits paliers dans le vallon de Ribeille toujours en forêt (laissez tous les chemins secondaires de droite comme de gauche).

❷ Descendez la piste à droite pour traverser un gué bétonné dans le creux. Au-dessus, quelques marches aident dans un passage raide. Cent mètres plus loin, quittez ce chemin pour le sentier à gauche qui se faufile ensuite dans un petit ravin. De nouveau, vous suivez à gauche un ancien chemin rocailleux et érodé où apparaît plus haut la chapelle de Coma.
Sur le haut au carrefour (poteau), descendez à gauche un autre chemin. Passez le fond du ravin pour remonter sur cette crête où le chemin exécute une épingle ❸ vers la droite en direction du hameau de Coma et sa chapelle.
Après la visite, en respectant les propriétés privées, revenez à l'épingle précédente ❸, pour descendre le sentier à droite.
Cet ancien chemin, parfois dallé, descend longuement (peu de balises jaunes). En permanence, vous faites face au massif du Canigou.
Au premier croisement de sentiers, poursuivez tout droit afin de prendre une piste 5 minutes plus tard. Mais rapidement vous la quittez dans la ligne droite pour un sentier parallèle qui descend à droite. Vous longerez ainsi une vigne clôturée.
Plus bas, vous revenez sur la piste et, au premier carrefour, continuez à gauche.

❹ Cinquante mètres après, empruntez le sentier qui démarre à droite d'un chemin privé. Plus loin, vous dominez d'abord Eus avant de retrouver le chemin du départ puis le village et son parking.

** Le panneautage est indiqué dans le sens inverse de la description ci-dessus. C'est un choix qui privilégie la montée sous le couvert forestier.*

Au départ d'Eus vers Comes.

14

MONT-LOUIS FONT-ROMEU

UN GRAND BOL D'AIR

Partagée entre la France et l'Espagne depuis le Traité des Pyrénées de 1658, la Cerdagne est un vaste plateau entre 1200 et 1500 mètres d'altitude situé entre le massif du Carlit au nord, et le chaînon du Puigmal au sud. Du fait de sa situation stratégique, on dénombre sur ce territoire nombre de places fortes et systèmes de défense, dont le plus notable est la citadelle Mont-Louis conçue par l'architecte militaire Vauban en 1681. Un riche passé militaire qui se prolonge aujourd'hui avec la présence au sein de la forteresse du Centre national d'entraînement commando pour les troupes d'élite. Irriguée par de nombreux lacs et ruisseaux où s'épanouissent saules et aulnes, la Cerdagne est une région réputée pour son air pur. À tel point que de nombreuses installations permettent aux sportifs de haut niveau du monde entier de venir s'entraîner à Font-Romeu et dans les villages alentour, tout en s'oxygénant. L'ensoleillement est une autre particularité de ce territoire, très tôt lancé dans l'énergie solaire avec notamment le four solaire de Font-Romeu, mis en service en 1969. Du climat aux panoramas, tout y est bon pour randonner autour de pics frôlant les 3000 mètres.

Ci-dessus : lac des Bouillouses. © Wikimedia Commons / Marc Reynes
Page de droite: l'estany de Vallell (rando n°3).

PRATIQUE

Quand venir
■ Toute l'année. En hiver, certaines randonnées peuvent se faire en ski de fond ou en raquettes, notamment vers le lac des Bouillouses.

Y aller
■ **En voiture :** depuis Perpignan, prendre la rocade ouest et l'avenue de Prades puis la D66 en direction de Mont-Louis et Font-Romeu.
■ **En transports en commun :** depuis Perpignan, le bus liO part de la gare routière du boulevard Saint-Assiscle plusieurs fois par jour. Le célèbre Train Jaune fonctionne toute l'année (avec des fréquences supérieures en été) et dessert Mont-Louis mais aussi Font-Romeu au départ de Villefranche-de-Conflent, que l'on peut relier en bus depuis la gare routière de Perpignan.

Sur place
■ Il n'existe pas de systèmes de navette de bus intercommunal. La station de Font-Romeu dispose cependant d'une navette gratuite entre Font-Romeu, Odeillo et le Train Jaune en été, et en hiver (le skibus). Le Train Jaune dessert 22 villages et hameaux, jusqu'à Latour-de-Carol. Une balade à ne pas manquer sur cette ligne datant de 1910 avec 19 tunnels, 15 ponts et 14 viaducs et traversant de superbes paysages.

Se loger
■ **Grand Hôtel Ermitage :** bâtiment emblématique de Font-Romeu, le Grand Hôtel Ermitage a rouvert en décembre 2024 après des années de travaux. Doté de deux restaurants, l'hôtel propose pour l'instant 22 chambres haut de gamme, l'hôtel visant la classification en 4 étoiles. 04 68 04 04 08
■ **Hôtel les Bones Hores :** offrant une vue imprenable sur le Pla des Bones Hores, l'établissement est situé dans un lieu magique, au bord du lac des Bouillouses et du GR®10. Cerise sur le gâteau : l'établissement, qui dispose de chambres « montagne » pour les randonneurs, propose une formule demi-pension et prépare sur demande, des paniers repas. 04 68 04 24 22.
■ **Le Clos Cerdan :** à Mont-Louis, cet établissement de 60 chambres et 20 suites-appartements de 3 à 8 personnes, propose un honnête standing, ainsi qu'un restaurant et un espace aquaforme avec piscine et bassin de relaxation. 04 68 04 23 29.

14 MONT-LOUIS • FONT-ROMEU

Odeillo, le plus grand four solaire au monde. © Wikimedia Commons / H. Zell

Envie d'autres expériences ?

■ Les **eaux thermales** sulfureuses à 38°C des Bains de Dorres, non traitées, ont la réputation de soigner les douleurs osseuses et les courbatures. On s'y baigne en extérieur dans des bassins de granit, parmi les noisetiers en admirant le panorama qui engobe les sommets du Puigmal, le Canigou et la Sierra del Cadí. Ouvert de mars à décembre. 04 68 04 66 87.

■ De décembre à avril, des randonnées thématiques en raquettes d'une demi-journée sont proposées depuis la station de Font-Romeu. 04 68 30 58 54.

■ En été, le télésiège du Roc de la Calme à Font-Romeu permet de monter son engin afin d'effectuer une **descente en VTT** de la station, qui dispose d'une importante zone dédiée au mountain bike. 04 68 30 60 61.

■ Au pied de la station des Angles, le **lac de Matemale** dispose d'une base de loisirs offrant de nombreuses activités en été (tir à l'arc, minigolf, etc.)

COUP DE CŒUR

■ À la limite de la frontière franco-espagnole, au pied du massif de Puigmal, la forêt d'Osseja recèle 30 kilomètres de routes forestières et 40 kilomètres de sentiers pédestres. Des profondeurs de la forêt aux hauteurs vallonnées où paissent les troupeaux de vaches et de chevaux, l'un des plus importants massifs de pins de montagne des Pyrénées offre une immersion en pleine nature.

ENVIE D'AUTRES BALADES ?

■ Depuis l'Ermitage à Font-Romeu, cette randonnée de 6 km se déploie au milieu des sous-bois jusqu'au col del Pam offrant un beau point de vue sur le Parc naturel régional des Pyrénées catalanes et sur le lac des Massane.

■ Depuis Mont-Louis, la randonnée vers Planès à travers la forêt de Fonpédrouse offre plusieurs points de vue sur les gorges de la Têt ainsi que sur le tracé du Train Jaune.

À VOIR / À FAIRE

■ Géré par le CNRS, le site d'Odeillo est, avec ses 40 mètres de haut, le plus grand four solaire au monde. Ses héliostats renvoient la lumière sur les 2000 m² du concentrateur, permettant d'obtenir des températures de plus de 3400°C. Les visites du site sont suspendues depuis quelques années, mais la balade d'une heure depuis Font-Romeu vaut la peine.

■ Avec ses ruelles pittoresques, ses commerces où l'on parle quasi exclusivement catalan, voilà plus de 300 ans que Llivia est une étonnante enclave espagnole en territoire français, entre Font-Romeu et Puigcerdà et où l'on vit à l'heure espagnole, et aux horaires espagnols notamment à l'heure de l'apéritif!

ASTUCE RANDO

La randonnée en montagne nécessite des précautions du fait de la possibilité d'un changement brutal de la météo. Équipez-vous de vêtements légers faciles à transporter et n'oubliez pas de vous munir de vêtements contre la pluie (veste imperméable ou poncho).

Ci-dessus : **le célèbre Train Jaune, pour un voyage inoubliable.** © Wikimedia Commons / Cramos
Ci-dessous : **la citadelle Vauban à Mont-Louis.** © Wikimedia Commons / Calips

Rando n°1

Le Carlit (2921 m)

Seigneur de Cerdagne, il est le plus haut sommet des Pyrénées-Orientales avec ses 2921 mètres d'altitude. S'il est le plus haut belvédère de ce guide, il a l'avantage de ne pas être le plus long à atteindre et son approche au milieu des nombreux lacs le rend tout à fait attrayant. À partir de l'immense étendue bleu azur du barrage des Bouillouses, le sentier se faufile à travers les pins à crochets et les blocs de granit. Chaque plan d'eau apporte sa touche personnelle. Vous serez attentif à la forme ou à la couleur mais aussi aux reflets ou au découpage des rives fleuries par les massifs de rhododendrons. Plus sportive sera la marche dans les éboulis et la crête sommitale où un passage rocheux demande un peu plus de vigilance mais se franchit aisément. L'effort consenti est ensuite récompensé par un immense panorama où les lacs et les sommets se disputent la vedette. Lacs par lesquels vous pourrez revenir en boucle en suivant la variante proposée.

Départ : les Bouillouses.
Accès : depuis Mont-Louis, prenez la D118 en direction de la Llagonne et Quillan. Au premier carrefour après le rond-point, prenez à gauche la direction du lac des Bouillouses par la D60. Suivez cette route jusqu'à son terme ; le parking se trouve sous le barrage. Attention : en juillet et août l'accès aux Bouillouses en voiture n'est pas autorisé, vous devez prendre une navette. Un parking est aménagé au début de la D60 (suivez les instructions).
Difficulté : pour randonneurs. Final sportif dans les éboulis et un passage rocheux sur la crête, pas difficile mais où il faut être prudent.
Période : de juillet à fin septembre début octobre (selon enneigement).

P'tit plus

- Refuge des Bouillouses, 04 68 04 93 88.

Étang de Trebens.

La Carlit en AR

Montez l'escalier à gauche du barrage. Au-dessus, dirigez-vous vers le refuge des Bonnes Hores. Sous celui-ci le sentier démarre à gauche (panneau : direction du Carlit et informations pêcheurs) ; balisage jaune. Le sentier évolue sous les pins à crochets et sur des roches arrondies.

1 Bifurcation de sentiers à 2 143 m : prenez à gauche vers l'estany Sec (panneau). Longez l'estany de la Comassa puis passez à gauche d'une cabane verte et de l'estany Sec. Traversez un plateau en allant vers le nord.

2 Traversez la passerelle sous l'étang de Vallell et remontez un vallon vers l'ouest. Plus haut, vous dominez l'estany de Trebens et celui de Sobirans. Passez un carrefour de sentiers 3 (variante de retour par les lacs). Le paysage est plus aride ; montez sur le flanc gauche. Traversez une zone d'éboulis en direction d'un petit col.

4 Ce petit col se trouve au déversoir d'un lacquet (2 598 m) ; en début de saison la combe est remplie de neige. Continuez sur la gauche pour atteindre la crête

du Carlit. Au début, suivez plus ou moins le fil de cette large crête ; balises rouges.
Ensuite, traversez à droite dans les roches sous le sommet en escaladant facilement un pas rocheux. Remontez un couloir qui mène au col entre les deux sommets. Allez à gauche et à flanc pour atteindre le sommet en quelques minutes.
Le Carlit, 2 921 m. Le panorama est proportionnel à l'altitude. En quelques -instants, vous visitez la Cerdagne et le Capcir, la Haute-Ariège et l'Andorre. À l'est, le Madres étale sa masse tout comme le Canigou. Ce dernier fait suite à une longue chaîne frontière avec l'Espagne où les sommets majeurs comme le pic de l'Enfer, le pic du Géant, le pic d'Eyne ou encore le Puigmal d'Err hérissent l'horizon à plus de 2 900 m d'altitude. À l'ouest, vous remarquerez l'étendue de la retenue du Lanoux dominée par la Coume d'Or et le Pédrous.
Au-delà, c'est une forêt de sommets qui s'étirent à perte de vue sur l'Andorre, sur l'Ariège et bien au-delà jusqu'à la Maladeta.
Revenez par le même chemin.

Retour par les lacs

Du carrefour 3, prenez le sentier de gauche qui rejoint l'abri 5 entre les étangs de Trebens et del Castellar. Franchissez la passerelle et poursuivez sur le sentier. Passez une autre passerelle et longez l'étang de Les Dugues, puis plus loin celui del Viver avant de rejoindre la bifurcation 1 où vous trouvez le sentier emprunté à l'aller.

LE CARLIT EN AR
13,6 km
5h30
950 m+

VARIANTE RETOUR PAR LES LACS
13,7 km
5h30
950 m+

Rando n°2

Le Grand Péric (2 810 m)

Un parcours qui flirte avec l'eau d'un bleu profond du lac des Bouillouses, avec celle, bouillonnante, des cascades de la Têt ou encore avec l'eau claire et hésitante dans les vallons de la Llosa n'est-il pas conforme au rêve des montagnards ? Des bosquets de pins soulignés par le pourpre des rhododendrons, des mouflons qui s'enfuient sur les pentes rocailleuses, quelques fleurs discrètes dans les éboulis et la compagnie d'un ou plusieurs vautours dans le ciel complètent le tableau de cette précieuse randonnée. Un petit effort pour remonter l'arête sommitale et vous voilà sur l'un des pics les plus attachants de la région. À votre aise, dégustez la grandeur et la qualité du panorama qui s'étend sur la Cerdagne, le Capcir et la Haute-Ariège. L'aller-retour à la cabane de la Balmeta ou le tour du lac par le lac de l'Aude sont plus accessibles et peuvent être envisagées un peu plus tôt en saison quand le Grand Péric est enneigé.

14 MONT-LOUIS • FONT-ROMEU

Départ : les Bouillouses.
Accès : voir rando n°1
Difficulté : l'ascension du Grand Péric est réservée aux randonneurs entraînés (durée et distance importantes). Aucune difficulté pour le tour du lac des Bouillouses par le lac d'Aude (la descente du lac est un peu pentue, soyez vigilant).
Période : de juillet à fin septembre début octobre (selon enneigement).

La Grand Péric

Remontez l'escalier à gauche du barrage. Suivez la piste sur une centaine de mètres et dans le virage, empruntez tout droit un sentier (balisage du GR® 10 en rouge et blanc). Sans difficulté, il longe le lac des Bouillouses sous les pins à crochets. On s'éloigne de la rive.
❶ Bifurcation de sentiers : laissez à gauche le GR® 10 pour traverser à plat une zone un peu humide. Dix minutes plus tard, passez la passerelle sur le torrent de la Têt. Au carrefour de chemins ❷, prenez à droite la direction de la cabane de la Balmeta. Passez un petit pont et plus loin laissez à droite le sentier du roc -d'Aude.
En vue de la cabane de la Balmeta, remontez à gauche au nord-ouest le long du Rec du Puig Péric.
❸ Passez à droite de l'Estany de la Llosa. Le paysage est composé de pins clairsemés.
Traversez un ruisseau et suivez à gauche une trace qui contourne un bosquet. Vous êtes au pied de la grande combe sous les Péric. Remontez ce vallon en direction du col entre les deux sommets (Péric et Petit Péric).
❹ Col à 2 608 m. Poursuivez à gauche sur la crête raide et caillouteuse mais sans difficulté jusqu'au sommet.
3 h 45 Grand pic Péric, 2 810 m. Ouvrez grand vos yeux : à 360°, la scène est grandiose. Les plus hauts sommets des Pyrénées-Orientales sont au rendez-vous : les plus lointains comme le Canigou ou le pic des Géants, ou tout près comme le Carlit et le puig de la Portella Gran avec les étangs Blaou. Côté ariégeois, c'est un océan de vallées et de pics. Les 3 000 m du Vicdessos, le Valier et les Bassiès, pour ne citer que les plus importants, sont au programme de ce belvédère. Redescendez par le même itinéraire.

Variantes

■ La cabane de la Balmeta (2 120 m) L'aller-retour à la cabane de la Balmeta constitue en soi une belle balade accessible à tous. AR : 9,6 km • 2 h 45 • 100 m+
■ Le tour du lac des Bouillouses par les GR® (avec AR optionnel à la cabane de la Balmeta) offre une autre perspective sur le lac et permet de découvrir le petit lac d'Aude (2 149 m) niché sous le roc d'Aude.

LE GRAND PÉRIC
18,8 km
6h30
800 m+

TOUR DU LAC
10,5 km
4h00
330 m+

Rando n°3

La ronde des lacs du Carlit

La nature est vraiment généreuse, mais elle est surtout artiste quand elle décore la montagne de si belle manière. Ses talents s'expriment partout, au détour d'un vallon quand le ruisseau trébuche sur les roches de granit ou sur une étendue d'eau si pure qu'un bout de ciel a voulu s'y installer, ou encore sur ces flancs devenus jardins quand la flore s'expose dans ses plus beaux coloris. Le circuit des lacs des Bouillouses est à la fois une invitation au bien-être et à la beauté où les sentiments et les sensations s'entrechoquent au gré des pas du marcheur. Chacun s'évade dans cet espace de liberté et d'imagination et plonge goulûment dans les parfums, dans les couleurs et dans les instants inattendus parfois éphémères. L'air vif donne envie d'aller toujours plus loin… Les lacs ne manquent pas, mais il faut être raisonnable, il vaut mieux profiter que de vouloir trop en faire, alors, à une prochaine fois!

ITINÉRAIRE
7,2 km
2h30
250 m+

Départ : les Bouillouses.
Accès : voir rando n°1.
Difficulté : aucune, balade familiale.
Période : de juin à octobre (selon enneigement).

Itinéraire

Depuis le parking, montez la rampe pour atteindre le bord ouest du barrage. Suivez le chemin à droite vers l'hôtel en laissant à droite le GR®10 (balises blanches et rouges). Dans le virage juste avant la bâtisse, empruntez le sentier à gauche indiqué par un panneau de randonnée. L'itinéraire bien balisé se faufile à travers un parterre de roches granitiques et de pins clairsemés. Il croise ensuite un ruisselet et remonte un petit vallon.
❶ À la bifurcation, prenez à gauche la direction de l'estany Sec. Le sentier passe bien au-dessus de l'estany del Viver, à droite, et franchit un petit col.

Vous passez un peu plus loin entre la cabane verte et l'estany de la Comassa, et rapidement à droite de l'estany Sec.
La suite se dirige vers le nord-ouest, toujours en direction de Carlit.
❷ Près du torrent, ne traversez pas la passerelle, mais bifurquez

L'estany de les Dugues.

bien à droite pour longer l'estany de Vallell (ou Bailleul). Au-dessus de ce lac, franchissez un col (abri vert à droite) pour atteindre l'estany des Dugues qui se présente à main gauche. Descendez ensuite vers la droite dans un vallon qui se termine par un replat humide que vous contournez par la droite ❸. Après une traversée en sous-bois de pins, gagnez la rive droite de l'estany del Viver que vous dépassez pour revenir à la bifurcation de l'aller, en ❶. Descendez à gauche pour retourner au parking des Bouillouses.

Rando n°4

Le pic des Mauroux (ou dels Moros) (2137 m)

Un monticule plus haut que les autres sur un plateau à plus de 2000 mètres au-dessus de Font-Romeu et il n'en faut pas plus pour dénicher un beau belvédère. Ce dernier combine la facilité et le plaisir de la marche avec un paysage qui s'étale sur toute la Cerdagne. La vue sur le massif du Carlit et la Sierra del Cadí est exemplaire, tout comme celle dont nous gratifient le Cambre d'Ase ou le Puigmal d'Err. Les détails des villages d'Eyne, de Llo ou d'Err excitent aussi la curiosité. En compagnie des pins à crochets, vous cheminerez sur ce plateau à consonance nordique. Son étendue à vocation pastorale en été devient l'hiver un espace privilégié pour les amateurs de ski de fond. Un nouveau tracé de piste nous permet de faire une boucle par le refuge de la Calme : un avantage pour découvrir un peu plus ce plateau.

Accès : depuis Font-Romeu, prenez la D618 vers Pyrénées 2000. Au col du Calvaire, empruntez à gauche la D10F vers la station de ski. Après les parkings, continuez sur le secteur de la Calme, à gauche. Roulez pendant environ 1,5 km. Après avoir passé le parc de contention pour le bétail situé à droite, garez-vous un peu plus loin à gauche, près d'un chemin fermé par une barrière métallique (panneau indicateur).

Difficulté : aucune, balade familiale.

Période : de juin à octobre (selon enneigement).

P'tit plus

- Se restaurer au refuge de la Calme, 06 75 86 73 79.

Itinéraire

Empruntez le chemin fermé par la barrière.

Au carrefour, 100 m plus loin, au passage canadien, suivez la piste de gauche. Elle descend et vire au niveau d'un ruisseau.

ITINÉRAIRE
12,4 km
2h30 AR ou 3 h par refuge de la Balme
270 m+

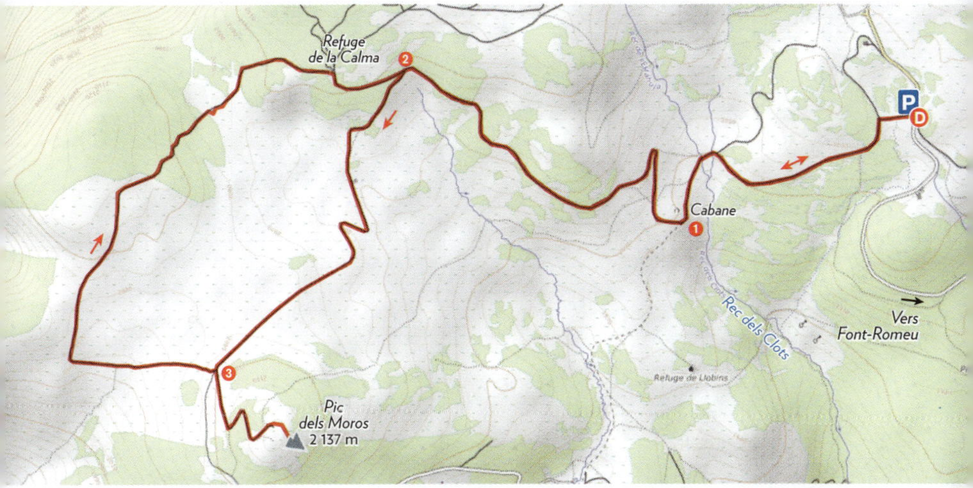

❶ Au carrefour flanqué d'un poteau indicateur, et en dessous d'une cabane en pierre, bifurquez à droite sur un chemin moins marqué au départ. Après une courbe, le chemin traverse une forêt de pins clairsemés (roche dressée comme un menhir).

❷ À l'intersection en Y avec une roche couchée (cote 2066), laissez à droite la direction du refuge de la Calme (vous reviendrez par-là) pour descendre la piste de gauche. Celle-ci traverse un plateau et, en deux lacets, passe sous le pic. Poursuivez sur le chemin qui exécute une grande boucle sur la droite.

❸ Au carrefour, à droite (ouest) du sommet, laissez une piste qui descend à droite (vous y reviendrez pour le retour) et poursuivez en face sur la piste qui finit en lacets. Au pic dels Moros, à 2 137 m, flanqué de deux antennes, profitez pleinement du décor. Revenez en ❸ et descendez à gauche par le chemin aux ornières. À la fin de la trace, virez à droite pour dépasser un poteau isolé et suivre tout droit une autre trace. Plus loin, vous récupérez un autre chemin plus marqué qui entre et descend dans un bosquet de pins. En bas, après un replat humide, le balisage vous conduit sur un autre chemin qui s'élève en face dans la forêt. Au refuge de la Calme (2 110 m), poursuivez sur la piste de droite où vous récupérez, après 300 m, en ❷, votre itinéraire de montée que vous suivez tout droit pour revenir au point de départ.

Sur le parcours dels Moros.

15

CÔTE VERMEILLE

ENTRE MER ET MONTAGNE

Elle doit son nom au fait qu'à l'aurore mais aussi au coucher du soleil, son territoire est baigné du flamboiement rouge vermeil des cimes du Canigou. Depuis 1912 – date de l'attribution de cette dénomination par le Club Touriste du Canigou – la Côte Vermeille est devenue une destination à part. Avec ses criques rocheuses, ses petits ports de pêche, ses vignes en terrasse à flanc de coteau, ce territoire reste une côte sauvage avec une certaine authenticité, antithèse des stations balnéaires situées plus au nord et devenues des usines à touristes. Paradis des randonneurs, la Côte Vermeille se dessine depuis les Albères à partir d'Argelès-sur-Mer jusqu'à Cerbère et correspond à la zone où le massif pyrénéen rencontre la Méditerranée. Cette côte rocheuse face à une mer limpide abrite quelques ports mythiques dont le plus célèbre est Collioure, qui fut résidence d'été des rois de Majorque puis fortifiée par Vauban. La « perle du Roussillon » a gardé d'importantes traces de son passé médiéval, magnifiées par Derain, Braque et Picasso qui y sublimèrent le « fauvisme », mouvement pictural axé sur la couleur. Plus discrets, Port-Vendres et Banyuls-sur-Mer sont deux petits ports qui ont gardé une certaine authenticité et recèlent des joyaux comme le cap Béar, l'anse de Paulilles côté mer et offrent des randonnées avec des points de vue sublimes comme l'ascension jusqu'à la tour Madeloc ou au hameau Mas-Reig. Un petit paradis pour les randonnées !

Ci-dessus : **Collioure.**
© Jean-Pierre Siréjol
Page de droite:
la Côte Vermeille, eaux turquoises et criques sauvages. © Wikimedia Commons / Falk2

PRATIQUE

Quand venir

■ Toute l'année.

Y aller

■ **En voiture :** depuis Perpignan, prendre la D914 qui relie Argelès-sur-Mer puis Banyuls.

■ **En transports en commun :** un train TER relie plusieurs fois par jour Perpignan aux principales villes du littoral jusqu'à Port-Bou, dont Collioure et Banyuls-sur-Mer. De plus, depuis le Sankeo Mercader de Perpignan, des bus (ligne 540) desservent Argelès, Collioure, Port-Vendres et Banyuls.

Sur place

■ Station balnéaire très fréquentée, Argelès-sur-Mer est congestionnée en été. Un réseau de transports collectifs – le réseau d'Aqui – dessert les principaux lieux de la commune, jusqu'à la plage. Une navette gratuite est également en service à Banyuls. À Collioure, un minibus fait la jonction entre le parking du Cap Dourat et le centre-ville.

Se loger

■ **Le Refuge du clocher à Laroque-des-Albères :** ce restaurant réputé pour sa cuisine de terroir propose également cinq belles chambres de 2 à 4 personnes. 04 68 73 43 59.

■ **Auberge du Bon Vivant à Argelès :** ouverte à partir d'avril, l'auberge du Bon Vivant propose des chambres simples tout confort et dispose d'un restaurant proposant une cuisine catalane traditionnelle. À ne pas manquer : la terrasse et sa superbe glycine. 04 68 81 00 54.

■ **Le Relais des 3 Mas à Collioure :** un hôtel 4 étoiles de 23 chambres qui offrent une vue de dingue sur la baie de Collioure et l'église Notre-Dame des Anges. Le restaurant étoilé La Balette, avec sa terrasse en surplomb de la mer, est l'autre point fort de l'établissement. 04 68 82 05 07.

■ **Hôtel les Pêcheurs à Banyuls :** un petit hôtel familial de 16 chambres, à deux pas de la plage centrale de Banyuls et offrant une vue sur la mer. C'est d'ailleurs le seul hôtel de la baie en front de mer. 04 68 88 02 10.

Envie d'autres expériences?

■ Prendre le large en **kayak** pour assister à l'un des plus beaux spectacles de coucher de soleil sur la chaîne des Pyrénées, c'est ce que propose au départ d'Argelès-sur-Mer à partir du mois de mai le club Watersport Aventure. 06 81 29 58 14.

■ Le CIP Collioure propose notamment des **sorties en palmes, masque et tuba** dans la **Réserve naturelle de Banyuls**, mais aussi des baptêmes de plongée en baie de Collioure. 04 68 82 44 74.

■ L'office de tourisme de Laroque-des-Albères propose un **Rallye-Enquête** grâce à l'appli Baludik: un rallye patrimoine et terroir qui vous emmène à la découverte des villages des Albères et à la rencontre de ses habitants. 04 48 98 00 08.

À VOIR / À FAIRE

■ Initié par l'Observatoire océanologique (qui est à l'origine de la Réserve naturelle marine française de Cerbère/Banyuls), le Biodiversarium de Banyuls regroupe le Jardin méditerranéen du Mas de la Serre ainsi que l'Aquarium qui abrite **300 espèces de poissons, invertébrés et végétaux méditerranéens.** 04 68 88 73 39.

■ Dans les ruelles de Collioure, le circuit du fauvisme permet de marcher sur les pas de Matisse et Derain, qui ont résidé et peint dans la cité au début du XXe siècle, à travers un parcours de 20 reproductions de leurs œuvres, installées là où elles ont été peintes. Une balade à effectuer lors d'une visite guidée ou avec l'appli « Collioure, le voyage commence ». 04 68 82 15 47.

Descente sur Banuyls. Au fond le cap Béar (rando n°3)

Ci-dessus : **vignoble de Banyuls.**

Ci-dessous : **la tour Madeloc (rando n°4).**

COUP DE CŒUR

■ La beauté et l'ambiance paisible depuis la plage de l'anse de Paulilles avant le coucher du soleil, dans un lieu qui abrita longtemps une usine… d'explosifs ! L'endroit a été préservé et réhabilité par le Département. Déjeuner ou dîner dans l'un des deux restaurants de l'anse (Le Clos de Paulilles et le Sole Moi) est une expérience magique.

ENVIE D'AUTRES BALADES ?

■ La boucle du Cap Béar, d'un peu moins de 2 heures au départ de Port-Vendres, est une superbe balade au milieu des vignes, de la garrigue et sur le sentier du littoral, avec une vue splendide sur le cap Béar et l'anse de Paulilles.

■ De la gare de Banyuls à la gare de Collioure, cette randonnée de 15 km permet de suivre le sentier du littoral au milieu des vignes et des pins. Retour possible en train.

■ L'accès au pic de Sallfort, au-dessus de Banyuls, est l'occasion d'une jolie randonnée de 3 heures offrant un point de vue sur toute la Côte Vermeille et la plaine du Roussillon.

ASTUCE RANDO

À Banyuls, partez en rando au petit matin pour arriver à la tour Madeloc au moment où le soleil perce l'horizon et illumine la Côte Vermeille. Inoubliable !

BOUCLE DEPUIS VALMY
13,3 km
5h00
740 m+

AR DEPUIS LA VALL
7,2 km
3h00
570 m+

Rando n°1

La tour de la Massane

Cette tour, perchée à 793 mètres au-dessus du niveau de la mer toute proche (4 km), marque la limite nord de la Réserve naturelle nationale de la forêt de la Massane. Celle-ci, créée en 1973, n'est plus exploitée depuis 1885 et présente donc une biodiversité importante. Les influences méditerranéennes, ibériques et montagnardes auxquelles elle est soumise entraînent également une extrême variété des milieux et donc des espèces. La forêt des Couloumates, principalement connue pour ses 50 000 grands hêtres de moyenne altitude, abrite 9 500 espèces animales répertoriées, principalement des insectes. De ce fait, elle a été classée par l'Unesco au patrimoine mondial de l'humanité. Les scientifiques, ayant déjà publié plus d'un millier de publications à son sujet, considèrent ce sanctuaire de 360 hectares comme un véritable laboratoire à ciel ouvert.
Au vu des contraintes d'accès en été, nous donnerons ci-dessous deux itinéraires permettant d'atteindre cette tour, érigée à la fin du XIIIe siècle, et qui, comme sa voisine la tour de Madaloc, domine toute la Côte Vermeille.

Accès :
- D'Argelès, suivre la D2 et tourner à gauche vers La Pave. Traverser La Vall (Lavail) et se garer au bout de la piste qui suit. Accès interdit du 01/07 au 15/09 pour risque d'incendie.
- De Perpignan, suivre la D914 et, au sud d'Argelès, sortir vers Valmy. Se garer au château.

Difficulté : moyenne, un peu de distance et du dénivelé. Boucle depuis Valmy, bien indiquée par des panneaux et du balisage jaune. L'AR depuis La Vall s'appuie sur un balisage jaune ancien et de nombreux cairns, à parcourir en dehors de la période du 01/07 au 15/09.
Période : toute l'année (excepté restriction ci-dessus).

P'tit plus

- Château de Valmy, vente de vin, restaurant, chateau-valmy.com, 04 68 81 25 70.

Boucle depuis Valmy

Sortir du parking (53 m) et, avant le gué, monter à gauche.
Dolmen de l'Alarb, suivi plus haut par le dolmen dels collets de Cotliure. Au carrefour qui suit, prendre à droite pour arriver à un joli belvédère.
Au bassin ❶ qui se présente, le sentier qui monte après la barrière va passer sous la ligne THT. Emprunter ensuite la piste pendant une dizaine de minutes et arriver à un poteau (532 m) ❷ où il y a la possibilité de rejoindre rudement la tour en 30 minutes. Sinon continuer jusqu'au terminus de la piste en dessous du Roc del Corb. Le sentier mène alors au Coll de la plaça d'Armes (677 m) ❸ où cantonnaient jadis les soldats de la tour.
Torre de la Maçana (794 m). Point de vue exceptionnel sur la côte, le Neulós et le Canigou. Après une pause méritée, descendre au nord. Laisser à droite l'embranchement vers la Font d'Andreu et continuer jusqu'au grand cairn du Roc del Grill (532 m) ❹, prendre à droite pour entamer une longue descente. Plus bas, au niveau de la ligne THT, continuer comme indiqué tout droit en direction de la chapelle Saint-Lorenç (on peut y aller plus directement par la droite !). Le sentier dévale sous la ligne, rejoint le mas d'En Pardès puis une piste qui nous ramène finalement au château de Valmy.

Un beau spécimen de chêne liège.

Le dolmen de l'Alarb.

En AR depuis La Vall

En dehors de la période du 01/07 au 15/09, départ possible depuis La Vall (Lavail) en aller-retour.
Du parking (240 m), suivre la piste et, avant la ferme, monter à gauche (panneau) parmi les chênes lièges. Au Roc del Grill (532 m) 4, poursuivre à droite puis dépasser ensuite l'insignifiant Coll del Pomer (555 m).
Laisser à gauche l'embranchement vers la Font d'Andreu et continuer jusqu'à la Torre de la Maçana (794 m). Retour par le même itinéraire.

Rando n°2

Le puig Neulos par le dolmen de la Balma del Moro

ITINÉRAIRE
17,3 km
6h00
1150 m+

Point culminant des Albères, le Puig Neulós se dresse du haut de ses 1 257 mètres comme une vigie au-dessus des plaines du Roussillon et de l'Empurdan. Visible de partout avec ses antennes TV et TNT caractéristiques, il offre un belvédère idéal qui mérite l'effort pour y parvenir. Malgré le réchauffement climatique et la sécheresse, le Puig Néoulous se couvre encore de neige une ou deux fois par an, méritant alors pour quelques jours son nom de pic neigeux. Une autre étymologie remonte au latin *Podio Nebuloso* que l'on pourra traduire par couvert de nuage, nébuleux. Quoi qu'il en soit, la neige était importante autrefois sur ses pentes puisque nous trouverons en cours de route deux puits à neige qui permettaient à la plaine d'obtenir de la glace pour les hôpitaux ou pour conserver certaines denrées.
Larroque-des-Albères propose aux marcheurs de nombreuses balades partant de l'office du tourisme baptisé d'ailleurs Maison de la Randonnée. Toutes traversent le village avant de longer une agréable canalisation conduisant l'eau à l'air libre. Il faut ensuite choisir sa boucle. Nous vous proposons ici la plus difficile. Elle va nous permettre au passage de voir un beau dolmen, de visiter un ou deux refuges et deux spécimens de puits à neige (pous de neu). La randonnée se déroulera sur le versant nord du Puig, sous le couvert de chênes lièges, hêtres, châtaigniers et pins laricio.

15 CÔTE VERMEILLE

Départ : Laroque-les-Albères.
Accès : d'Argelès, par la D2 aller à Sorède puis Laroque-des-Albères. Grand parking indiqué au centre du village.
Difficulté : difficile pour la distance et le dénivelé. Balisage jaune (tour n°12).
Période : toute l'année.

P'tit plus

- Le village de Laroque mérite déjà une visite à lui tout seul.
- Nombreuses balades et randonnées au départ de Laroque, laroque-des-alberes.fr
- Restaurants à Laroque :
  - Les Enfants Terribles, 04 68 89 40 51
  - Le Catalan, 04 68 98 20 57
  - Le Comptoir Rocatin, 04 68 53 82 28
  - Le refuge du Clocher, 04 68 73 43 59
  - Le Café des Artistes, 04 68 89 76 53

Itinéraire

Du parking (100 m), monter jusqu'à l'église Saint-Félix par la rue Arago et, à son portail latéral, tourner à gauche. Passer le moulin de la Pava, la Font dels Ocels et rejoindre le bassin de la Basse, où démarrent tous les circuits pédestres. Longer alors la rigole quelques minutes avant de monter sur un sentier à gauche et dépasser la Font de Vallauria. Plus haut, suivre une piste pendant 4 minutes pour reprendre le sentier (1) qui part à gauche. Le dolmen de la Balma del Moro (indiqué) se trouve à l'écart du sentier principal. À une quinzaine de minutes, partir à droite à l'embranchement pour monter rudement jusqu'à une piste forestière que l'on suit en montant dans la belle hêtraie. Continuer et passer les cols de la Vaca Vella (910 m) et de l'Artiguet (1 010 m). Une nouvelle piste plus importante passe devant un mirador (2) offrant une belle vue sur la plaine et la Côte Vermeille. (Il est auparavant possible de faire une boucle supplémentaire pour aller jusqu'au refuge de la Tanyareda, non gardé,

Larroque-des-Albères au pied de son château.

avant de rejoindre directement le sommet du pic par le GR®10). Depuis le mirador, un sentier s'élève ensuite à gauche, passe devant une fontaine et traverse la route menant aux antennes du Puig Neulós (1 256 m), marqué aussi de la pyramide érigée par le berger Manel. Entamer la descente en suivant à présent le GR®10 qui suit la frontière marquée par une clôture pour le bétail. Plus bas, un passage à travers cette barrière conduit en quelques minutes au puits à neige du Neulós. Au col del Pou (1 100 m), le GR® vire à droite dans la belle forêt de pins qui conduit au refuge gardé du col de l'Ouillat (938 m) ❸. Quitter le GR® pour suivre la route à main droite jusqu'à la Reina de les Fonts et dévaler le sentier qui part au nord. Plus bas, laisser le Casot del Guardia à droite puis traverser la Ribera de la Roca avant d'aller voir un puits à neige de grande dimension, témoin d'une époque plus froide ! Traverser ensuite un autre ruisseau et retrouver le chemin de l'aller pour revenir à Larroque-des-Albères.

Rando n°3

La tour de Querroig (672 m)

Tout l'intérêt de ce chemin est d'associer l'histoire française et espagnole à celle du relief parcouru. Ce chemin entre Banyuls et Portbou fut inauguré en 2007 pour rendre hommage aux centaines de réfugiés qui fuyaient l'invasion nazie. Parmi eux, le philosophe allemand Walter Benjamin, qui parvint à franchir le col de Rumpissa mais dont la fuite s'acheva à Portbou, où il se suicida pour éviter d'être jugé en France. Cet itinéraire lui rend hommage et s'applique aussi à montrer le travail des vignerons banyulencs, qui cultivent la vigne en altitude grâce à un héritage très ancien: des terrasses aux murettes ocres sillonnées de fossés, toujours maintenues en l'état. Le point culminant de cet itinéraire, la tour de Querroig, aura l'immense privilège de vous offrir un vaste panorama sur la côte, depuis le golfe du Lion jusqu'à la baie de Rosas, sur le massif des Albères et bien au-delà.

ITINÉRAIRE
12,5 km
4h40
740 m+

Départ : Puig del Mas (hauteurs de Banyuls)
Accès : du centre de Banyuls-sur-Mer, avant la mairie, prenez à droite l'avenue du Général de Gaulle. Juste après le passage sous la voie ferrée, prenez à gauche le pont étroit pour entrer dans Puig del Mas. Remontez l'avenue Pierre-Marca. Après le virage et avant le sens interdit, garez-vous sur le parking à gauche ou en-dessous à droite. Remarquez près de l'abribus le panneau du chemin Walter Benjamin.
Difficulté : pour randonneur. Quelques petits passages raides et glissants demandent d'être bien chaussé.
Période : toute l'année.

Itinéraire

Traversez le parking vers la gauche comme l'indique le panneautage du chemin Walter Benjamin. Au stop, prenez à droite puis de suite à gauche et de nouveau à droite dans le boulevard des Évadés de France. Au bout du boulevard, descendez en face un escalier qui démarre entre la maison et un poteau électrique (balise jaune). En bas, traversez un rec (ruisseau à sec) pour continuer sur un chemin en face qui longe une vigne. Tout droit, suivez le goudron sur 2,15 km, (manque de balisage sur la route) tout en ignorant les chemins secondaires.

❶ Bifurcation au col del Bast (139 m). Prenez le sentier entre les deux routes (panneau du chemin Walter Benjamin). Il mène plus haut à un carrefour de pistes, prenez alors la plus haute à droite. Vous dominez ainsi l'anse de Banyuls. À deux reprises, vous laissez un chemin à droite. 130 m après le second, n'oubliez pas de prendre le sentier qui grimpe à droite. Plus loin, il traverse entre les vignes en terrasse pour rejoindre un autre chemin. Dans le premier virage, l'itinéraire poursuit tout droit sur le sentier qui court sur une crête bordée par quelques chênes-lièges, des chênes verts entourés de bruyères et de cistes. Il double plus loin un gros pylône.

❷ Vous rencontrez une piste à suivre à droite, que vous quittez une centaine de mètres après un virage serré pour suivre un autre chemin à droite (panneau). Vous traversez une dernière vigne et vous reprenez tout droit un sentier. Vous doublerez la fontaine del Bana (peu d'eau). Plus haut après une crête, le sentier court longuement sur le flanc ouest du massif. Les petites montées et descentes sur un terrain rocheux demandent un peu d'attention.

15 CÔTE VERMEILLE

3 Col de Rumpissar (540 m). Vous parvenez à la frontière franco-espagnole flanquée d'une clôture et d'un écriteau normalement dédié à Walter Benjamin (le contenu a disparu). Avant d'envisager la descente vers Portbou, je vous propose de grimper à la tour de Querroig (non visible du col). Pour cela, empruntez le sentier qui monte sur la crête à gauche. Vous évitez une pointe rocheuse flanquée d'une borne frontière pour atteindre un petit col (croisement d'itinéraires et panneau). Montez alors à gauche. Sommet de la tour de Querroig (672 m), accompagnée d'un drapeau catalan. La Côte Vermeille est à vos pieds, ainsi que la côte espagnole. Remarquez les deux villes jumelles (Cerbère et Portbou), avec leurs immenses gares internationales qui s'étalent de chaque côté de la frontière. Mais la vue se porte aussi sur les Albères et au-delà, sur le massif du Canigou. La descente s'effectue par la crête au nord de la tour. Un panneau en français sur le château de Querroig se trouve un peu en contrebas. Le sentier navigue sur cette crête un peu à droite sur le versant est. Quelques balises jaunes le jalonnent. Quelques passages rocheux agrémentent l'itinéraire. Passez deux petits cols (des Portes et del Llipoter).

4 Col de Cerbère ou Cervera (410 m), flanqué d'un croisement des pistes et d'une citerne verte. Poursuivez tout droit à plat sur le chemin qui se dirige vers la tour de guet (contre les incendies). Ce chemin vire à gauche et traverse la crête. Laissez un peu plus loin l'accès à cette tour à droite. La piste descend un peu avant de remonter pour traverser à deux reprises la crête. Vous passez ainsi à gauche d'une antenne. Maintenant, la piste descend.

5 À la hauteur d'un gros pylône, suivez en descente à gauche un sentier qui dégringole assez raide (passages rocheux) toujours dans la garrigue tout en dominant la baie de Banyuls.

6 Col de la Creu (270 m). Quittez la crête pour plonger à gauche. Vous doublerez plus bas une vigne. Vous rejoignez une petite route que vous suivez à droite en descente. Au carrefour, continuez à droite toujours sur le goudron. Après avoir laissé un chemin à gauche, doublez une jolie tour. Après un poteau téléphonique, descendez un petit chemin qui démarre sous la route à gauche. Plus bas, suivez la route et avant le virage, quittez de nouveau le goudron pour un sentier à gauche. Au village, descendez la rue à gauche et à son terme, continuez en face dans le chemin de Canta Cigala pour retrouver le parking à droite.

La tour de Querroig.

Rando n°4

La tour de Madeloc

AR DEPUIS CASERNES DU CENTRE
5,6 km
2h20
280 m+

CIRCUIT DEPUIS LE COL DES GASCONS
7,6 km
3h00
390 m+

La Côte Vermeille fleure bon le thym et le romarin, l'air marin et le soleil, le terroir et le bon vin, la liberté et les voyages. Entre mer et montagne, du haut de cette langue rocheuse la tour Madeloc semble surfer sur une vague terrestre. De ce point de vue, la côte partout présente hésite sans cesse entre le bleu et le vert, entre l'écume et la roche, entre les vagues et les vignes.
Les vieilles pierres marquent le parcours de témoignages historiques: fort de défense du XIVe siècle avec la batterie Taillefer, tour à signal du XIIIe siècle avec Madeloc. Cette dernière est un maillon d'une chaîne de tours comme celle de la Massane visible de l'autre côté du pic de Sallfort ou celle Del Far placée au nord, à la limite des Corbières. De feu et de fumée, les signaux courent de tour en tour dans tout le Roussillon sur une ligne de surveillance créée par les rois de Majorque après la victoire sur les troupes de Philippe le Hardi. Le maquis a brûlé il y a plusieurs années, mais la nature optimiste a repris le dessus et les fleurs égayent à nouveau les flancs de la colline.

Départ : casernes du Centre ou col des Gascons.
Accès : du centre de Banyuls, prendre la direction du musée Maillol. Passer sous la voie ferrée, obliquer à droite sur la petite D86 conduisant vers la tour de Madeloc ; 6 km de montée étroite plus loin, se garer au parking du col des Gascons (387 m) pour le circuit ou poursuivre vers le col de Mollo et se garer après 2,5 km dans un virage sur le parking près d'une table d'orientation.
Difficulté : aucune.
Période : toute l'année.

Ancien casernement.

Tour de Madeloc en AR

Traversez la route et montez à droite une piste qui démarre sous un bâtiment en ruine. Au bout d'1,5 km, à flanc, vous arrivez au Coll de Taillafaro.
1 Vous pouvez aller à la batterie Taillefer, à droite : 15 min aller et retour.
Sinon, poursuivez sur le sentier de gauche qui monte à flanc. Plus tard, en quelques lacets, atteignez la crête 2, puis à gauche rejoignez la Torre de Madeloc (656 m).
Revenez par le même chemin.

Circuit depuis le col des Gascons

Au col des Gascons, monter par le GR®10 jusqu'au petit Coll de Formigó 1, puis descendre jusqu'au coll de Vallauria (416 m, 40 m) 2. Descendre 100 m sur la piste de droite et quitter le GR® pour enchaîner par le sentier qui, pratiquement à plat, traverse tout le versant ouest de la crête de Madaloc. À une fourche du chemin, monter à droite au Coll de Taillaferro (465 m) 3. Poursuivre jusqu'à la batterie du même nom. Une fois revenu au col, suivre la piste une centaine de mètres et prendre un sentier montant à droite. Progressivement, vous allez rejoindre le pied de la Torre de Madaloc.
Pour finir la boucle, il suffit de suivre la petite route jusqu'aux fortifications de la batterie 500 4, située à 500 m d'altitude, d'où son nom, et emprunter un sentier descendant assez raide qui retrouve le GR®10 suivi au départ. Le col des Gascons n'est plus alors qu'à quelques minutes.

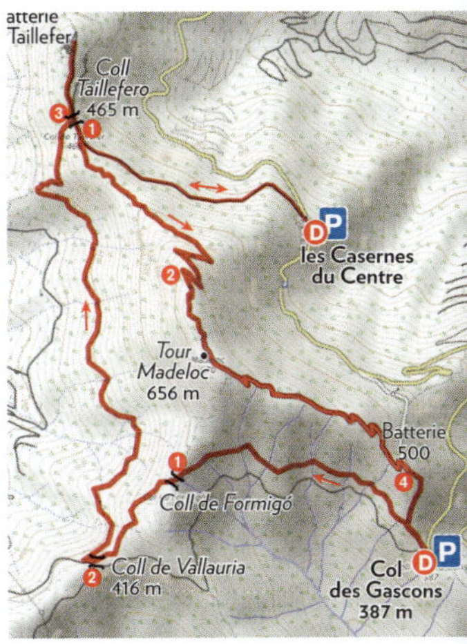

RETROUVEZ TOUTES CES BALADES ET RANDONNÉES ET BIEN D'AUTRES DANS LES OUVRAGES SUIVANTS

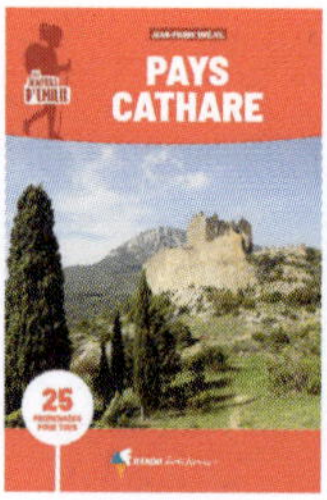

L'AUTEUR

Journaliste d'abord à Paris et depuis 25 ans dans le sud où il travaille notamment pour le groupe Midi Libre, **Didier Thomas-Radux** a eu l'occasion au cours de ses diverses activités, d'arpenter une grande partie du territoire de l'actuelle Occitanie. Que ce soit à Cahors, Nîmes ou Montpellier, des villes où il a créé de nombreux media, à chaque fois la découverte et la mise en valeur du territoire et des richesses régionales ont été au centre de la mission des rédactions qu'il animait. Noctuel, La Semaine du Lot, La Semaine de Nîmes, Montpellierplus, Midi Gourmand, sans oublier des hors-séries sur le viaduc de Millau ou le pont du Gard… il est persuadé qu'il y a encore des choses à découvrir et raconter sur les départements d'Occitanie.

Achevé d'imprimer en France en mars 2025 par Dupliprint,
sur papier provenant de forêts gérées de manière durable.
N° 2996776C